I0052272

DE LA

CESSION DE DROITS SUCCESSIFS

ET DE SES EFFETS

EN DROIT ROMAIN ET EN DROIT FRANÇAIS

DISSERTATION

Présentée à la Faculté de Droit de Poitiers, pour obtenir le grade de Docteur,

et soutenue le samedi 30 juillet 1859, à trois heures du soir

DANS LA SALLE DES ACTES PUBLICS DE LA FACULTÉ:

PAR

LÉO SAIGNAT

Avocat à la Cour Impériale de Bordeaux.

BORDEAUX

IMPRIMERIE G. GOUNOUILHOU

place Puy-Paulin, 1.

1859

DE LA

CESSION DE DROITS SUCCESSIFS

ET DE SES EFFETS

EN DROIT ROMAIN ET EN DROIT FRANÇAIS

DISSERTATION

Présentée à la Faculté de Droit de Poitiers, pour obtenir le grade de Docteur,

et soutenue le samedi 30 juillet 1859, à trois heures du soir

DANS LA SALLE DES ACTES PUBLICS DE LA FACULTÉ.

PAR

LÉO SAIGNAT

avocat à la Cour impériale de Bordeaux.

———⁂———

BORDEAUX

IMPRIMERIE G. GOUNOUILHOU

place Puy-Paulin, 1.

—

1859

COMMISSION :

Président,	M. BOURBEAU,
Suffragants,	M. AB L PERVINQUIÈRE, ✻,
	M. FEY, ✻,
	M. RAGON,
	M. MARTIAL PERVINQUIÈRE,

professeurs.

Vu par le Président :

BOURBEAU.

Vu par le Doyen :

FOUCART, ✻.

Vu par le Recteur :

JUSTE, O. ✻, *v. g.*

Les visas exigés par les règlements sont une garantie des principes et des opinions relatives à la religion, à l'ordre public et aux bonnes mœurs (Statuts du 9 avril 1825, art. 41), mais non des opinions purement juridiques, dont la responsabilité est laissée au candidat.

Le candidat répondra en outre aux questions qui lui seront faites sur les autres matières de l'enseignement.

CESSION DE DROITS SUCCESSIFS

EN DROIT ROMAIN ET EN DROIT FRANÇAIS.

NOTIONS PRÉLIMINAIRES.

De la transmission héréditaire des droits.

A la mort d'un homme, tous ses droits et toutes ses obligations s'éteignent nécessairement pour lui, en ce sens qu'il est physiquement impossible qu'ils continuent dans sa personne. Mais cette extinction est toute relative : les droits et les obligations existent encore pour se placer sur la tête de celui que la loi appellera à prendre la place juridique du défunt. L'individu seul est mort; la personne juridique est immortelle. Le citoyen décédé est remplacé par un autre auquel passent tous ses droits, à la charge d'accomplir toutes ses obligations, qui est le maître de tout son patrimoine et le continuateur juridique de sa personne.

Ce nouveau venu, on l'appelle héritier, *heres* (de *herus,* maître), et on désigne par le nom d'*hérédité,* l'universalité ou la masse des biens, des droits et des charges laissés par le défunt.

Cette universalité est aussi nommée *succession*. Domat, le jurisconsulte philosophe du XVIII° siècle, emploie indistinctement l'une ou l'autre expression, et les deux mots sont devenus synonymes. Mais ce n'est que la signification étroite et restreinte du mot *succession*. Dans un sens plus large, on désigne par *succession* le remplacement d'une personne par une autre dans un droit quelconque. En ce sens, il y a des successions particulières et des successions universelles. Ainsi, l'acquéreur est le successeur du vendeur relativement à la chose vendue; le donataire succède au donateur dans la propriété des biens donnés : ce sont des successeurs particuliers. Les successions universelles ont lieu surtout après décès : ce sont alors des hérédités. Dans l'ancien droit romain, il y avait aussi des successions universelles entre personnes vivantes; elles furent supprimées, et les hérédités sont restées les seules successions universelles. C'est pourquoi les deux mots ont été assimilés, quoique, à proprement parler, une succession ne soit pas toujours une hérédité.

C'est toujours en vertu de la loi que l'héritier prend la place juridique laissée par le défunt. Mais certains héritiers viennent en vertu de la loi toute seule; d'autres, d'après la volonté du défunt manifestée légalement. Les premiers sont appelés *héritiers légitimes* ou *ab intestat;* les seconds, *héritiers testamentaires.* « Il y a, dit Domat en son langage » simple et précis, deux sortes d'héritiers : ceux qui sont ins- » titués, c'est-à-dire nommés par un testament, qu'on appelle » *héritiers testamentaires,* et ceux à qui la loi défère la suc- » cession par la proximité (de parenté), qu'on appelle par » cette raison *héritiers légitimes;* et on les appelle aussi » *héritiers ab intestat,* parce qu'ils succèdent, s'ils ne sont » exclus par un testament (¹). »

(¹) *Lois civiles,* II° part , liv. I, tit. I, sect. I, n° 2. — § 6, I. *Per quas personas nobis adquiritur.*

Les uns et les autres remplacent le défunt dans l'universalité de ses droits et de ses obligations; ils acquièrent son
hérédité.

La manière dont l'héritier acquiert cette universalité de
droits et d'obligations a varié avec les législations.

A Rome, la délation de l'hérédité n'en rendait pas propriétaire celui qui y était appelé; elle lui ouvrait seulement la
possibilité légale d'une acquisition. L'acquisition avait lieu
par l'*adition d'hérédité (aditio hereditatis)*. Jusqu'à ce moment, l'hérédité était *jacens;* c'était elle qui représentait le
défunt; celui qui était appelé à la recueillir n'était pas encore héritier. « Nondum adita hereditas personæ vicem sus-
» tinet, non heredis futuri, sed defuncti ([1]). »

L'adition d'hérédité résultait, au temps de Justinien, d'actes ou de paroles manifestant clairement la volonté d'être
héritier. « Potest aut pro herede gerendo aut etiam nuda vo-
» luntate suscipiendæ hereditatis, heres fieri ([2]). » Celui qui
était appelé à la succession pouvait, sans faire acte matériel
d'héritier, manifester sa volonté d'accepter par une déclaration, sans forme solennelle, mais pourtant expresse. C'était
alors l'acquisition *nuda voluntate*, l'adition d'hérédité proprement dite, qui, en qualité d'*acte légitime,* ne pouvait être
ni à terme ni conditionnelle, et devait être faite par l'appelé
en personne ([3]).

A défaut de cette déclaration expresse, il suffisait, pour
devenir héritier, que l'appelé fît des actes manifestant clairement, quoique tacitement, sa volonté de le devenir; des
actes qu'il ne pouvait avoir le droit de faire qu'en cette qua-

---

([1]) § 2, I. *De heredibus instituendis.* — Marczoll, *Droit privé des Romains,*
§ 190, p. 432 de la traduction de M. Pellat.

([2]) § 7, I. *De heredum qualitate et differentia.*

([3]) L. 77, D. *De regulis juris.* — L. 51, § 2, D. *De adquirenda vel omittenda
hereditate.*

lité. C'était la *gestio pro herede,* qui produisait les mêmes effets que l'adition proprement dite ([1]).

A une époque plus ancienne, il y avait eu aussi la *crétion,* adition solennelle qui ne pouvait s'appliquer qu'aux hérédités testamentaires. C'était une déclaration, en termes sacramentels, de la volonté d'être héritier; elle était nécessaire toutes les fois que le défunt avait, par son testament, imposé à son héritier l'obligation de faire adition d'hérédité dans un certain délai. Une adition ordinaire n'eût plus été suffisante.

Du reste, la crétion disparut avec le formalisme du vieux droit romain, et il ne resta plus que l'adition proprement dite et la gestion en qualité d'héritier, qui s'appliquaient également aux hérédités testamentaires et aux hérédités légitimes. Les magistrats furent chargés alors de fixer à l'héritier le délai dans lequel l'adition devait avoir lieu ([2]).

Toutefois, bien qu'en règle générale, l'adition d'hérédité fût nécessaire, certains appelés, par suite d'une puissance de famille que le défunt avait sur eux jusqu'à sa mort, acquéraient l'hérédité de plein droit au moment où elle leur était déférée, sans avoir besoin de manifester leur volonté à cet égard, et même malgré leur volonté contraire; ils étaient héritiers *etiam inviti et ignorantes.* C'étaient ceux qui étaient appelés, les uns, *heredes necessarii,* les autres, *heredes sui et necessarii.* Les premiers étaient les esclaves institués héritiers dans le testament de leur maître; les autres étaient les enfants ou descendants qui se trouvaient sous la puissance immédiate du défunt, et que sa mort rendait maîtres d'eux-mêmes *(sui juris).*

En France, ces principes ont été modifiés par l'introduc-

([1]) Paul, IV, VIII, 25. — L. 20, D. *De adquirenda vel omittenda hereditate.* Marezoll, § 192, p. 435 de la traduction de M. Pellat.

([2]) Gaius, II, 167. — L. 22, C. *De jure deliberandi.*

tion de la *saisine*. L'adition d'hérédité du droit romain
avait bien pour effet de faire considérer l'héritier comme
ayant toujours été, depuis l'ouverture de la succession, propriétaire des biens compris dans l'hérédité; mais il y avait
interruption dans la possession. La saisine fut introduite au
moyen âge pour empêcher cette interruption. Ce ne fut autre
chose qu'une fiction légale. On supposa que le défunt avait,
au moment de mourir, fait la tradition de tous ses biens à
celui qui devait lui succéder, et qu'il l'avait ainsi mis lui-
même en possession. De là, cette maxime qu'on lisait autrefois dans toutes les coutumes : *Le mort saisit le vif, son
hoir le plus proche habile à lui succéder* ([1]).

Depuis cette innovation, qui est passée sans modification
dans notre droit moderne (Code Napoléon, art. 724), celui
qui est appelé à une succession est héritier de plein droit; il
est nanti non-seulement de la propriété, mais aussi de la
possession civile des choses héréditaires. La règle du droit
romain est renversée; ce n'est plus l'appelé qui va prendre
possession de l'hérédité, c'est l'hérédité qui vient se placer
elle-même sur sa tête.

Ce n'est pas dire cependant que l'appelé sera héritier malgré lui ([2]); il pourra renoncer à la succession, et cette renonciation le fera considérer comme n'ayant jamais eu la
saisine; mais il est héritier tant qu'il n'a pas renoncé; il peut
être poursuivi comme tel, et s'il reste trente années sans se
prononcer, il sera privé de ce droit et demeurera héritier
malgré lui (C. Nap., art. 789).

Cette saisine légale n'est cependant pas accordée à tous

([1]) Cout. de Paris, art. 318. — Cout. de Poitou, art. 279. — Cout. d'Anjou,
art. 272.

([2]) « Nul n'est héritier qui ne veut. » (Cout. de Poitou, art. 273.) — « Il ne se
porte héritier qui ne veut. » (Cout. de Paris, art. 316.) — « Nul n'est tenu d'accepter une succession qui lui est échue. » (Code Nap., art. 775.)

les successibles. Certains successeurs, même universels, en sont privés; ce sont les successeurs irréguliers, les enfants naturels, l'époux survivant, l'État. A défaut de saisine légale, il leur faut une saisine judiciaire; ils doivent se faire envoyer en possession par les tribunaux (C. Nap., art. 724), et s'ils gardent le silence pendant trente ans, ils seront déchus de la faculté d'accepter la succession (C. Nap., art. 789).

Si les modes d'acquérir l'hérédité ont été différents en droit romain et en droit français, les effets de l'acquisition ont été les mêmes. A Rome, comme en France, l'héritier continuateur de la personne du défunt le remplace dans tous ses droits actifs et passifs; il devient propriétaire de ses biens, créancier de ses débiteurs, et, par réciprocité, débiteur de ses créanciers. Que les biens du défunt soient suffisants pour acquitter ses dettes, ou que les dettes excèdent la valeur des biens, l'héritier doit tout payer; en acceptant l'hérédité, il a quasi contracté des engagements personnels; il l'a acceptée avec ses avantages et ses désavantages ([1]).

Cet engagement, qui oblige l'héritier à toutes les charges et à toutes les suites de l'hérédité, est universel et irrévocable; il est universel, c'est-à-dire qu'il s'étend à toutes les dettes du défunt; il est irrévocable, et celui qui s'est une fois rendu héritier le sera toujours, sans pouvoir abandonner cette qualité et se décharger des engagements qui en sont la conséquence, lors même que les biens seraient moindres que les charges. *Semel heres, semper heres* ([2]).

Le droit a, il est vrai, permis un adoucissement à la gravité de ces conséquences. On dut naturellement songer d'a-

---

([1]) Heres in personam eoque in jus omne defuncti succedit. Jus omne sic accipimus tam id quod defunctus habuit, quam id quo defunctus tenebatur; hoc efficitur ex sententia quæ aliis locis tradita est heredem succedere in commoda et incommoda hereditaria. (Doneau, C. *De hereditariis actionibus*, ad rubricam, n° 5.) — L. 37, D. *De adq. vel omit. hered.*

([2]) Sine dubio heres manebit qui semel extitit. (L. 7, § 10, D. *De minoribus.*)

bord à ceux qui devenaient héritiers malgré eux; le préteur
vint à leur secours. Tout en leur laissant le titre d'héritiers,
qu'il ne pouvait leur enlever, il établit au profit des héritiers
siens et nécessaires le bénéfice d'abstention, et celui de sépa-
ration au profit des héritiers nécessaires. L'empereur Justinien alla plus loin : il établit au profit de tout héritier le bénéfice d'inventaire, que le droit moderne a conservé, et qui
permit à l'héritier d'accepter la succession sans s'exposer à
payer aux créanciers du défunt au-delà de ce qu'il trouverait
dans le patrimoine laissé par celui-ci.

Sauf cette restriction possible, celui qui se porte héritier
accepte la succession avec tous ses avantages et ses désavantages : *succedit in commoda et incommoda hereditaria*,
pour employer l'expression de Doneau.

Cette idée que l'héritier succède à tous les droits et à toutes
les obligations du défunt, doit toutefois être entendue avec
quelques restrictions. Il y a, en effet, des droits qui, par leur
nature, se limitent à la personne du défunt et disparaissent
avec lui. Ainsi, les droits d'usufruit, d'usage, d'habitation,
le droit à une rente viagère, sont attachés à la personne de
celui qui en jouit; ses héritiers ne peuvent pas en profiter.
Le droit romain et le droit français ne diffèrent pas sur ce
point ([1]). En droit romain, l'héritier ne succède pas à l'action d'injure que le défunt aurait pu exercer, à cause du caractère essentiellement personnel de cette action ([2]).

Il y a aussi certaines obligations du défunt que l'héritier
n'est pas tenu d'exécuter. Ces obligations sont très-rares en
droit français. On en trouve cependant quelques-unes. Ainsi,
les héritiers d'un sociétaire ne sont pas tenus de continuer

([1]) Paul, V, VI, 33. — § 5, I. *De usufructu.* — Code Nap., art. 617, 625,
1983.

([2]) L. I, § 1, D. *De privatis delictis.* — § 1, I. *De perpetuis et temporalibus
actionibus.*

la société commencée par leur auteur (¹); la location d'ou-
vrage ou d'industrie n'oblige pas les héritiers du locateur;
l'héritier n'est pas tenu d'exécuter l'obligation contractée par
le défunt, lorsque cela a été formellement exprimé dans la
convention.

Mais le droit romain comptait de nombreuses obligations
qui s'éteignaient absolument avec le défunt. Outre celles que
le droit français place dans cette catégorie exceptionnelle, il
y avait à Rome toute une classe d'obligations dont l'exécution
n'était pas imposée à l'héritier. C'étaient les obligations pénales, les obligations qui donnaient lieu contre le défunt à
des actions *persécutoires de la peine.*

Les actions, à Rome, se divisaient en actions *persécutoires
de la chose (rei persecutoriæ)* et actions *persécutoires de la
peine (pœnæ persecutoriæ)* (²). Les premières étaient celles
par lesquelles on demandait ce dont on était injustement
privé, soit parce que quelque chose avait été enlevée sans
droit du patrimoine du demandeur, soit parce que le demandeur avait acquis le droit d'avoir cette chose; elle lui avait
été léguée, ou elle lui avait été promise à titre de vente ou
de donation; il manquait à son patrimoine une chose qui
aurait dû s'y trouver; l'action qui tendait à l'obtenir était
dite *persécutoire de la chose.* « Illæ autem rei persecutionem
» continent quibus persequimur id quod ex patrimonio no-
» bis abest (³). » — « Præterea id quod nobis abest sic acci-
» pere debemus non tantum quod ex nostro patrimonio exiit,
» quod repetimus; sed etiam quod in patrimonio nostro
» nunquam fuit, sed esse debuit vel vigilantia nostra par-
» tum, ut sunt ea de quibus contrahendo nobis cavimus, vel

(¹) Code Nap., art. 1865.
(²) Beaucoup étaient en même temps persécutoires de la chose et persécutoires de la
peine; on les appelait actions *mixtes.*
(³) L. 35, pr. D. *De obligationibus et actionibus.*

» aliena liberalitate nobis cautum, ut sunt ea quæ legantur
» testamento aut donationis causa promittuntur (¹). »

Voilà les actions persécutoires de la chose. Tout ce qui
pouvait être demandé en sus était une peine, et l'action qui
tendait à la faire obtenir était dite *persécutoire de la peine*.

Persécutoires de la chose ou de la peine, les actions se
transmettaient toutes activement par hérédité. L'héritier pouvait les exercer comme l'aurait fait le défunt, sauf quelques-
unes qui, comme l'action d'injure, étaient essentiellement
attachées à la personne. Mais passivement, les actions persécutoires de la chose étaient seules ouvertes contre l'héritier; la peine lui était étrangère; le droit de l'obtenir périssait avec le défunt, dont elle avait eu pour but de punir la
faute.

Les actions naissant des contrats étaient généralement persécutoires de la chose; aussi étaient-elles données contre
l'héritier comme elles l'auraient été contre le défunt; l'héritier devait livrer, payer, restituer tout ce que le défunt s'é-
tait engagé à livrer, à payer, à restituer, encore qu'il n'en
eût retiré aucun profit. Ainsi, un dépôt avait-il été fait au défunt, l'obligation de restituer la chose déposée incombait à
l'héritier, alors même que la chose aurait été perdue ou dé-
truite par la faute grave ou par le dol du défunt (²). Le défunt avait-il reçu un prêt et consommé la chose prêtée, sans
que rien n'en fût parvenu à l'héritier, celui-ci était cependant tenu d'en faire la restitution.

Parmi les actions naissant des contrats, on en trouvait cependant quelques-unes qui étaient persécutoires de la peine,
au moins partiellement. Telle était l'action de dépôt néces-

(¹) Doneau ad tit. C. *Ex delictis defunctorum*, n° 6.

(²) Il est clair que l'héritier ne pouvait pas restituer la chose en nature; il s'agissait
pour lui de la restitution de la valeur. Toutes les actions étaient pécuniaires à Rome, au
moins à l'époque de la procédure formulaire.

saire (¹). Si le dépositaire niait le dépôt, ou en faisait périr l'objet par son dol ou sa faute grave, il était condamné au double, *in duplum :* le propriétaire de la chose déposée en obtenait deux fois la valeur. C'était là une peine. Mais la faute du dépositaire était personnelle; aussi son héritier était-il tenu *in simplum;* l'action était donnée contre lui pour ce qu'elle avait de persécutoire de la chose, c'est-à-dire pour la simple valeur de ce qui avait été déposé. La partie de l'action qui était persécutoire de la peine s'éteignait avec le défunt. L'héritier n'était tenu au double que quand il était lui-même coupable de dol (²).

Comme les actions résultant des contrats, celles qui venaient des quasi contrats étaient en général persécutoires de la chose. Ainsi, l'héritier était tenu de répondre à l'action de tutelle, à l'action de gestion d'affaires, à la *conditio indebiti,* à l'action *communi dividundo...,* comme le défunt y aurait été tenu lui-même.

Cependant, l'action naissant contre l'héritier institué d'un legs *per damnationem,* croissait au double en cas de dénégation; mais l'héritier de l'institué était tenu *in simplum;* l'action perdait à son égard tout ce qu'elle avait de pénal. Sous Justinien, le legs *per damnationem* n'était plus distingué des autres. L'accroissement au double avait encore lieu cependant pour les legs faits aux églises et autres établissements religieux, et cette peine du double était infligée à l'institué pour un simple retard (³); mais si l'action était dirigée contre son héritier, elle était limitée à la poursuite de la chose; la peine disparaissait.

(¹) Actio depositi de eo quod tumultus, incendii, ruinæ, naufragli causa depositum est.

(²) § 17, I. *De actionibus.* — L. 1, § 1, D. *Depositi vel contra.* — Doneau, ad tit. C. *Ex delictis defunctorum,* n° 13. — Du temps de la loi des Douze Tables, on condamnait au double, dans le cas de dol, tout dépositaire, soit volontaire, soit nécessaire; mais le préteur a réduit cette rigueur au dépôt nécessaire. (Paul, II, XII, 11.)

(³) § 10, I. *De actionibus.*

Les actions naissant des délits ou des quasi dél s (*ex de-licto, ex maleficio, — quasi ex delicto, quasi ex maleficio*), étaient presque toutes persécutoires de la peine. Les unes ne contenaient rien de plus ; d'autres étaient mixtes et conte-naient aussi la réclamation de la chose ; toutes s'éteignaient complétement avec le délinquant ; son délit n'ouvrait aucune action contre son héritier. Celui-ci n'était pas même tenu de restituer la valeur de l'objet du délit, à moins qu'il n'en eût tiré quelque profit. Ainsi, quand une chose volée par le dé-funt se trouvait dans sa succession, son héritier, qui n'était tenu d'aucune peine, était cependant obligé de restituer ce qui lui était parvenu de la chose volée ; le délit de son auteur ne devait pas l'enrichir.

Une dernière observation sur ces actions particulières au droit romain, c'est que, malgré leur caractère pénal, l'héritier était obligé d'en subir les conséquences, toutes les fois qu'el-les avaient été intentées contre le délinquant avant son dé-cès, et que la *litis contestation* avait eu lieu entre lui et le demandeur : alors il y avait novation ; l'action pénale n'exis-tait plus ; le droit qu'elle sanctionnait n'existait plus lui-même. Tout était remplacé par un litige, qui devait aboutir à une sentence et à une action *judicati*. Cette nouvelle ac-tion n'était plus pénale : l'héritier n'y pouvait échapper.

C'est donc avec toutes ces restrictions, plus nombreuses en droit romain qu'en droit français, qu'il faut entendre la transmission universelle à l'héritier des droits et des obliga-tions du défunt. L'hérédité ne comprend donc pas tout ce qu'avait le défunt et tout ce qu'il devait, mais seulement les biens, les droits et les obligations qui n'étaient pas exclusi-vement attachés à sa personne (¹).

Cette masse de biens, de droits et de charges entre dans

_____

(¹) Domat, *Lois civiles*, IIᵉ part., liv. 1, tit. 1, sect. 1, nº 5.

le patrimoine de l'héritier, qui en acquiert la libre disposition; il peut vendre, échanger, donner, léguer en tout ou en
partie ce qui lui vient du défunt. S'il dispose des choses de
la succession en les détaillant, en les traitant comme les
choses qui lui appartiennent en vertu d'un titre quelconque,
il fera des actes de dispositions ordinaires, des ventes, des
échanges, des donations, qui seront régis par les règles ordinaires de ces contrats. Mais il est une autre manière de
disposer de ce que comprend une hérédité : On peut disposer
de l'hérédité elle-même en la considérant comme un droit
indépendant des choses qui y sont comprises. « Autre chose,
» dit M. Troplong, est vendre toutes les choses de la succes-
» sion prises une à une; autre chose est vendre l'hérédité
» même. La vente des choses détaillées qui composent l'hé-
» rédité, est une vente ordinaire qui est soumise aux règles
» du droit commun. La vente d'une hérédité a des règles
» particulières (¹). »

En disposant de l'hérédité, l'héritier fait passer à un autre
le droit d'en tirer tous les avantages, tous les profits qu'il
aurait pu en tirer lui-même. C'est ce qu'on appelle *céder ses
droits successifs;* c'est céder tous les droits que l'on a dans
une succession.

L'héritier qui fait ainsi passer ses droits successifs à un
autre, est appelé *cédant;* celui qui les reçoit est appelé
cessionnaire. Le contrat s'appelle *cession.*

La cession de droits successifs peut être faite à titre gratuit ou à titre onéreux. Dans le premier cas, c'est une donation qui porte sur une hérédité au lieu de porter sur des objets déterminés; dans le second cas, c'est une vente et
quelquefois un partage. La cession de droits successifs à
titre onéreux, fera seule l'objet de ce travail.

(¹) Vente, n° 953.

Quand un héritier appelé seul à une succession cède ses droits sur cette succession, la cession comprend l'hérédité tout entière. Aussi la désigne-t-on souvent dans ce cas par le nom de *cession d'hérédité*. Quand plusieurs héritiers sont appelés à une même succession et que l'un d'eux cède ses droits soit à un de ses co-héritiers, soit à un étranger, la cession comprend seulement les droits qu'avait le cédant; on l'appelle plus particulièrement *cession de droits successifs*. Du reste, ces deux expressions : *cession d'hérédité* et *cession de droits successifs,* sont souvent employées indistinctement, soit que la cession porte sur l'hérédité entière, soit qu'elle porte seulement sur une partie.

Ce contrat est aussi désigné très-souvent sous le nom de *vente d'hérédité* ou de *vente de droits successifs*. L'expression *cession* me paraît préférable, parce qu'elle peut s'appliquer à tous les cas. La cession de droits successifs a souvent, il est vrai, les caractères d'une vente, et alors ce nom la désigne avec exactitude [1]; mais quelquefois elle est assimilée à un partage, et en prend la nature et les caractères ; la qualification de *vente* ne peut plus alors lui être appliquée exactement.

Ce travail se divise en deux parties : la première a pour objet la cession de droits successifs en droit romain, la seconde traite de la cession de droits successifs en droit français.

---

[1] Je l'emploierai même très-souvent, surtout en droit romain.

PREMIÈRE PARTIE.

De la cession de droits successifs en droit romain.

———

CHAPITRE Iᵉʳ.

DU MODE EMPLOYÉ POUR FAIRE LA CESSION.

I.

Une fois acquis, le titre d'*héritier* était acquis pour toujours, *semel heres, semper heres*. Que l'héritier en fût nanti de plein droit ou qu'il l'eût acquis volontairement par une ᵉ lition d'hérédité expresse ou tacite, peu importait. A l'exception de quelques cas particuliers, dans lesquels la loi autorisait la restitution *in integrum*, l'héritier ne pouvait pas cesser d'être héritier.

Mais, quand le titre d'héritier n'était pas acquis de plein droit, il n'était produit que par l'adition d'hérédité. Jusqu'à ce moment, l'hérédité était *jacens*; il n'y avait pas encore d'héritier. L'ancien droit romain offrait alors à l'appelé un moyen de faire passer à un autre non-seulement l'hérédité, mais aussi le titre d'héritier, en le mettant en position de faire lui-même l'adition.

Ce résultat était obtenu par une *cession in jure*. On simulait un procès. Celui que l'on voulait rendre héritier se prétendait appelé à la succession; il intentait fictivement une action préjudicielle pour faire constater sa vocation à l'hérédité. On allait devant le magistrat; la discussion s'engageait comme dans les procès sérieux, à cette différence près que celui à qui la succession était réellement dévolue ne contestait pas le droit du réclamant; il le reconnaissait même, et le préteur déclarait ce dernier appelé à la succession. Sa vocation ainsi reconnue, il n'avait plus qu'à faire adition d'hérédité pour devenir héritier, comme si la loi l'avait appelé directement à ce titre ([1]).

On comprend facilement que cette cession, faite avant l'adition d'hérédité dans le but de permettre à un autre de devenir héritier, ne pouvait avoir lieu que pour la succession légitime. Quand le défunt avait institué un héritier par testament, l'institué ne pouvait pas céder à un autre sa vocation testamentaire. La subtilité romaine n'allait pas jusqu'à la contradiction : le préteur ne pouvait pas déclarer que tel était appelé à la succession, lorsque le nom d'un autre était écrit dans le testament. La cession *in jure,* faite par l'institué avant l'adition d'hérédité, ne pouvait donc produire aucun effet ([2]).

De plus, la cession en ce sens, même pour l'hérédité légitime, était possible seulement quand l'appelé était de ceux qui, pour devenir héritiers, avaient besoin de faire adition d'hérédité. Le *suus heres,* l'*heres necessarius,* héritiers de plein droit et sans adition, ne pouvaient pas en user.

II.

Quand l'héritier, soit légitime, soit testamentaire, avait fait adition d'hérédité, il ne pouvait plus faire passer à un autre sa qualité d'héritier; il l'avait acquise pour toujours,

---

([1]) Ulpieu, XIX, 14 et 15. — Gaius, II, 35; III, 85.
([2]) Ulpieu, XIX, 13. — Gaius, II, 36; III, 86.

de même que l'héritier sien et l'héritier nécessaire auxquels la loi l'imposait de plein droit.

La cesssion *in jure* était encore possible; mais elle ne donnait pas lieu à une nouvelle délation de l'hérédité. Le cédant restait héritier, et le cessionnaire acquérait seulement les objets corporels laissés par le défunt, de la même manière que s'ils lui avaient été spécialement cédés : il en devenait propriétaire au moment même de la cession.

Quant aux choses incorporelles, elles n'étaient pas comprises dans la cession. Le cédant, en sa qualité d'héritier, demeurait obligé envers les créanciers de la succession; devenu personnellement leur débiteur en devenant héritier, il ne pouvait pas leur imposer un débiteur nouveau. Mais s'il restait obligé envers les créanciers, les débiteurs de la succession ne restaient pas obligés envers lui; ils ne devenaient pas non plus débiteurs du cessionnaire; ils se trouvaient libérés, *lucrum faciebant* (¹). Le cédant ne pouvait pas leur imposer un nouveau créancier, et il était présumé avoir, en cédant l'hérédité, renoncé aux créances qu'elle comprenait.

Pour la cession *in jure* faite après l'adition d'hérédité, il n'y avait plus à distinguer entre l'héritier légitime et l'héritier testamentaire; elle était permise à l'un et à l'autre, puisqu'elle avait simplement pour but de transférer la propriété des objets corporels de la succession. Dans le procès qui s'engageait fictivement, celui qui devait être cessionnaire ne demandait pas à faire constater sa vocation à l'hérédité; il réclamait comme lui appartenant l'universalité du patrimoine laissé par le défunt.

Des difficultés s'étaient, à ce qu'il paraît, élevées au sujet de la cession *in jure* faite par un héritier sien ou un héritier nécessaire. Gaius (²) nous apprend que les Sabiniens n'atta-

---

(¹) Gaius, II, 35; III, 85. — Ulpien, XIX, 14 et 15.
(²) II, 87; III, 87.

chaient aucun effet à cette cession. Les Proculéiens, au
contraire, tout en admettant qu'elle ne pouvait pas transporter au cessionnaire le titre d'héritier, en faisaient résulter
les conséquences que produisait la cession faite par les héritiers volontaires après l'adition d'hérédité. Gaius, de l'école
de Sabinus, semble cependant admettre l'opinion proculéien-
ne, et avec raison, ce me semble. Je ne comprends même
pas que des doutes aient pu s'élever sur ce point. Qu'importe,
une fois que l'on est héritier, qu'on le soit devenu volontairement par une adition expresse ou tacite, ou qu'on ait reçu
ce titre de la force seule de la loi? « Nihil enim interest
» utrum aliquis cernendo aut pro herede gerendo heres fiat,
» an juris necessitate hereditati adstringatur. »

Tout cela disparut avec la cession *in jure*, et on n'en
trouve aucune trace dans le droit romain du temps de Justinien. Le droit n'a pas fourni depuis lors de moyen pour
céder le titre même d'héritier. On put encore faire passer à
un autre la masse héréditaire; mais le cédant dut toujours
rester héritier.

III

A une époque où la cession *in jure* existait encore, le droit
fournissait un autre moyen d'arriver, sans déplacer le titre
d'héritier, à transmettre à un autre les conséquences pécuniaires de l'hérédité, moyen plus efficace que la cession *in
jure* postérieure à l'adition d'hérédité; car il n'éteignait pas
les créances de la succession : il en faisait passer les bénéfices
au cessionnaire.

Cela se faisait par une vente de l'hérédité *(per emptionem
et venditionem hereditatis).*

Ce moyen, qui a survécu à la cession *in jure*, n'eut probablement pas une origine aussi ancienne; le contrat de

vénte, comme tous les contrats purement consensuels, semble ne s'être introduit dans la jurisprudence romaine que par
un adoucissement des principes rigoureux de l'ancien droit.
Le droit quiritaire n'admettait pas qu'un simple accord de
volontés pût engendrer une obligation; il n'attachait aucun
effet à la promesse de livrer une chose, si elle n'était faite
dans la forme stricte d'une *stipulation* ou d'une *expensila-*
tion. C'est le droit des gens qui, par son influence toujours
croissante, a fait accorder une force obligatoire à la simple
convention de livrer une chose en échange d'une certaine
quantité de monnaie. Ce fut là le contrat de vente ; il n'eut
pas pour effet de transférer la propriété : c'était un contrat ;
en conséquence, son unique effet était de produire des obligations, et il en produisait de réciproques entre les deux
parties. D'un côté, le vendeur s'engageait, non pas à transférer à l'acheteur la propriété de la chose vendue, mais à
mettre la chose en la puissance et possession de celui-ci, de
manière à ce qu'il pût en jouir librement (¹), et à lui garantir cette possession contre toute atteinte, contre toute éviction
totale ou partielle (²). L'acheteur, de son côté, s'obligeait à
payer le prix au moment de la livraison ou à l'expiration du
délai qui lui avait été accordé.

Toute chose quelconque pouvait être vendue, pourvu qu'elle
fût dans le commerce, c'est-à-dire susceptible d'être et de
circuler en la propriété des hommes. Les choses incorporelles pouvaient être vendues aussi bien que les choses corporelles, les universalités aussi bien que les choses particulières. Rien ne s'opposait donc à ce que l'on vendît une

---

(¹) Ut rem emptori habere liceat, non etiam ut ejus faciat. (L. 30, § ?, D. *De*
actionibus empti et venditi.)

(²) Evictionis nomine venditorem obligat (L. 11, § 2, D. *De act. empt. et vend.*)
— Venditor, si ejus rei quam vendiderit dominus non sit, pretio accepto, auctoritatis
manebit obnoxius. (Paul, II, XVII, 1.)

hérédité, et la vente devint, même avant la disparition de la
cession *in jure,* le mode le plus usité pour céder les *hérédités*
ou les *droits successifs.*

Après la vente de l'hérédité, le vendeur restait toujours
héritier. Il était toujours obligé envers les créanciers du défunt; mais il y avait réciprocité : les débiteurs de la succession restaient obligés envers lui. Son titre d'héritier était
conservé intact, aussi bien activement que passivement.

Bien plus, la vente n'était pas translative de propriété,
comme la cession *in jure.* Le vendeur restait donc propriétaire des choses corporelles de la succession; il n'avait même
pas pris l'engagement d'en rendre l'acheteur propriétaire;
son obligation consistait à le mettre en position d'en jouir
librement ([1]).

IV.

La vente de l'hérédité avait un triple but : 1° faire jouir
l'acheteur des choses corporelles de la succession; 2° mettre
les créances à sa disposition; 3° et lui faire supporter les
dettes. Le premier but fut le plus facile à atteindre; on arriva
au second par une marche progressive; le troisième ne fut
jamais atteint qu'incomplétement.

Pour remplir la première partie de ses engagements, il
suffisait au vendeur de faire à l'acheteur une tradition matérielle des choses corporelles. Son obligation immédiate était
alors accomplie sur ce point; il lui suffisait ensuite de veiller
à ce qu'aucun trouble ne fût apporté à la possession de

([1]) La cession de l'hérédité aurait été possible aussi par le moyen d'une stipulation.
Le cédant pouvait s'engager à donner au cessionnaire tout ce qui proviendrait de l'hérédité; alors il aurait été obligé d'en transférer la propriété à ce dernier; il ne lui aurait pas suffi de lui en assurer la jouissance. (L. 93, § 1, D. *De contrahenda
emptione.*)

l'acheteur. Il n'était pas obligé de lui transférer la propriété; celui-ci l'acquérait plus tard par l'usucapion. En attendant, le vendeur était encore propriétaire, et si quelqu'un venait s'emparer des choses vendues, il pouvait seul exercer l'action en revendication, et il était obligé de la faire servir à protéger les droits de l'acheteur. Plus tard, l'établissement de l'action publicienne, espèce de revendication donnée à celui qui avait seulement la possession civile, permit à l'acheteur de réclamer lui-même la chose qui lui avait été enlevée.

Quoique le vendeur ne fût pas obligé de rendre l'acheteur propriétaire des choses corporelles de la succession, une translation de propriété était cependant le meilleur moyen d'assurer à celui-ci la jouissance paisible qui lui était due, en mettant à sa disposition directe toutes les actions compétant au propriétaire. Aussi est-il probable que cette translation avait lieu très-souvent; elle se faisait suivant les modes ordinaires. On pouvait, pour les choses *mancipi*, employer la voie de la mancipation, ce mode strict des temps héroïques, probablement le seul usité dans les premiers siècles de Rome; pour les choses *nec mancipi*, il suffisait d'une tradition faite avec l'intention, d'une part, de transférer, de l'autre, d'acquérir la propriété. On pouvait aussi avoir recours au mode général de la cession *in jure*, applicable indistinctement aux choses *mancipi* ou *nec mancipi* ([1]).

V.

Pour que l'effet de la vente fût complet, il ne suffisait pas de rendre l'acheteur propriétaire des choses corporelles, ou de lui en assurer la paisible jouissance; ce n'était que la

---

([1]) A l'époque de Justinien, la tradition s'appliquait à toutes les choses corporelles. La mancipation et la cession *in jure* n'existaient plus, et on ne distinguait plus les choses *mancipi* des choses *nec mancipi*.

première partie des engagements du vendeur. Il fallait, en
outre, le faire profiter des créances et lui faire supporter les
dettes, le rendre créancier et débiteur à la place du vendeur,
si cela eût été possible.

Mais il était de principe à Rome que les créances ne pouvaient être transférées ni activement ni passivement, si ce
n'était par voie d'hérédité. L'obligation contractée par le débiteur établissait un lien de droit entre lui et son créancier;
mais ce lien ne pouvait pas l'obliger vis-à-vis d'une autre
personne. Quand l'un ou l'autre était remplacé par son héritier, il n'intervenait pas une personne nouvelle; l'héritier
continuait la personne de son auteur : il était créancier, s'il
remplaçait le créancier; débiteur, s'il remplaçait le débiteur.

Ce principe de l'incessibilité des créances rendait difficile
la mise de l'acheteur en possession des créances et des dettes
héréditaires.

La novation offrit d'abord un moyen de rendre l'acheteur
de l'hérédité créancier et débiteur à la place du vendeur (¹).
On pouvait nover toutes les obligations actives et passives.
Le vendeur libérait les débiteurs de la succession en leur re-
mettant leurs dettes par la voie solennelle de l'acceptilation,
et ceux-ci s'engageaient, par stipulation ou par expensilation,
à payer les mêmes choses à l'acheteur, qui devenait ainsi
leur créancier. D'un autre côté, les créanciers de la succession faisaient une semblable remise au vendeur, et l'acheteur s'obligeait directement vis-à-vis d'eux. Par cette double
opération, l'acheteur devenait créancier des mêmes choses
qui étaient dues à la succession, et débiteur des choses que
la succession devait. Il pouvait agir directement contre les
débiteurs et être poursuivi directement par les créanciers.

Mais toutes les obligations actives et passives étaient chan-

(¹) Gaius, II, 38.

gées; les anciennes avaient été détruites; d'autres les avaient
remplacées. Outre les inconvénients que pouvait produire ce
changement en n'attachant pas toujours aux obligations nou-
velles les priviléges attachés aux anciennes, la nécessité de
l'intervention de tous les créanciers et de tous les débiteurs
rendait ce mode de procéder à peu près impossible pour les
hérédités considérables; et le plus souvent on laissait toutes
les obligations reposer activement et passivement sur la tête
du vendeur (¹).

Alors intervenaient entre lui et l'acheteur les stipulations
emptæ et venditæ hereditatis. Le vendeur promettait de restituer à l'acheteur tout ce qui lui parviendrait, en vertu des
créances et par l'exercice des actions héréditaires qui reposaient toujours sur sa tête. L'acheteur s'engageait de son
côté à indemniser le vendeur de tout ce qu'il serait obligé de
payer par suite des actions exercées contre lui par les créanciers de la succession, et même à désintéresser ces créanciers pour qu'ils n'eussent rien à réclamer au vendeur.

VI

Que le vendeur fût exposé aux poursuites des créanciers
héréditaires, c'était le moindre inconvénient, car l'acheteur,
qui en était responsable, pouvait arrêter les poursuites en
payant les créanciers. Un inconvénient bien plus grand résultait de ce que les actions contre les débiteurs de la succession ne pouvaient être exercées que par le vendeur, car
celui-ci était obligé après la vente de s'occuper d'une hérédité à laquelle il n'avait plus le moindre intérêt. Aussi n'a-
t-on point cherché à modifier la position du vendeur vis-à-

(¹) La novation, qui était alors une délégation, était, au temps des actions de la loi,
le seul moyen, je ne dirai pas de transférer les créances et les dettes, mais de rendre
l'acheteur créancier et débiteur à la place du vendeur.

vis·des·créanciers·de la succession, que l'on·ne pouvait point priver de leur débiteur pour les forcer à en recevoir un au-tre, tandis qu'on a cherché, au contraire, à mettre l'acheteur, de l'hérédité en position d'agir lui-même contre les débi-teurs.

: On arriva à ce résultat par un mandat donné par le ven-. deur à l'acheteur.

Cela n'aurait pas été possible au temps des actions de la loi, procédure qui n'admettait la représentation judiciaire que dans des cas exceptionnels. Mais la procédure par.for-mules était plus élastique. Le droit quiritaire se modifiait. Il n'était plus indispensable que l'on figurât en personne aux actes juridiques; on put, pour plaider, soit en demandant, soit en défendant, se faire remplacer par un représentant, et ce fut un moyen détourné d'arriver à la cession des créan-ces, qui directement n'était pas possible.

. Le créancier, ici le vendeur de l'hérédité, donnait mandat à l'acheteur d'exercer contre les débiteurs les actions qui ré-sultaient des créances héréditaires. L'acheteur agissait alors lui-même comme représentant pour des affaires auxquelles il était seul intéressé, ce qui le fit appeler *procurator in rem suam*.

Dans les premiers temps de la procédure formulaire, le représentant judiciaire ne pouvait être qu'un *cognitor*, c'est-à-dire un représentant constitué devant le magistrat au moyen de paroles solennelles et en présence de l'adversaire[1]. Cette nécessité de la présence de l'adversaire était encore une entrave; sans doute son consentement n'était pas nécessaire comme pour la novation; mais la nécessité de sa présence

---

[1] Cognitor autem certis verbis in litem coram adversario substituitur; nam actor ita cognitorem dat : *quod ego a te verbi gratia fundun peto, in eam rem Lucium Titium tibi cognitorem do*; adversarius autem ita : *quando tu a me fundum petis, in eam rem Publium Mævium cognitorem do*. (Gaius, IV, 83.)

était un obstacle au transport même indirect de la créance[1].

Cet obstacle cessa, quand plus tard on appliqua complétement aux actions judiciaires les principes du mandat[2]. Il fut admis qu'un mandataire ou *procurator* constitué dans la forme ordinaire, c'est-à-dire sans aucune formalité stricte, sans paroles solennelles, aussi bien en l'absence qu'en la présence de l'adversaire, pouvait agir en justice soit pour le demandeur, soit pour le défendeur, mais avec les règles du mandat. On n'exigeait même pas que le procurator justifiât d'un mandat, pourvu qu'il fournît la caution *de rato*[3]. Un pareil mandat, donné à celui qui devait profiter d'une créance dont il n'était pas titulaire, pour le rendre mandataire dans sa propre affaire *(procurator in rem suam)*, devint dans ses effets une véritable cession de la créance. « C'est, dit Molitor, » dans la formule que le préteur dressait lorsque le créancier » était représenté par un *procurator,* que se trouve exprimée » l'idée fondamentale de toute cession[4]. » L'*intentio* de la formule[5] était libellée au nom du mandant, du représenté; il s'agissait de savoir, non si le défendeur était débiteur du *procurator,* mais s'il devait quelque chose au mandant. Au contraire, la *condemnatio*[6] était conçue au nom du repré-

---

[1] Le *cognitor* n'avait pas ordinairement l'action *judicati,* qui était donnée au représenté, comme s'il avait figuré lui-même au procès; mais on la lui accordait quand il était *cognitor in rem suam : «* Cognitore interveniente judicati actio domino vel in dominum datur; non alias enim cognitor experietur, vel actioni subjicietur, quam si in rem suam cognitor factus sit. » (*Vat. fragm.,* § 317.)

[2] Cette innovation est postérieure à Cicéron, car il nous apprend lui-même que, de son temps, on ne pouvait se faire représenter en justice que par des *cognitores.* « Alteri nemo potest litem contestari, nisi qui cognitor est factus. (Cic.; *pro Cæcina.*)

[3] Gaius, IV, 84.

[4] *Les obligations en droit romain,* t. III, n° 1182.

[5] Partie de la formule où étaient exposées les prétentions du demandeur. « Intentio est ea pars formulæ qua actor desiderium suum concludit. » (Gaius, IV, 41.)

[6] Partie de la formule où le préteur donnait au juge pouvoir de condamner ou d'absoudre dans tel ou tel cas. « Condemnatio est ea pars formulæ qua judici condemnandi absolvendive potestas permittitur. » (Gaius, IV, 43.)

sontant, du mandataire; c'était à son profit ou contre lui que
lo juge devait prononcer sa sentence. C'était alors le mandataire et non le mandant qui avait l'action *judicati* pour faire
exécuter la sentence rendue à son profit; c'était contre le
mandataire que, en cas d'insuccès, l'action *judicati* était
donnée à l'adversaire : « Interveniente procuratore, judicati
» actio ex edicto perpetuo in ipsum, non domino vel in do-
» minum competit (¹). »

Le vendeur de l'hérédité put ainsi, sous le voile d'un mandat, faire acquérir à l'acheteur tous les avantages des créances héréditaires et l'exercice même des actions qu'elles pro-
duisaient, quoiqu'il ne lui fit point acquérir le titre de
créancier. L'acheteur agissait contre les débiteurs avec la
qualité ostensible de mandataire du vendeur; l'*intentio* des
formules d'actions était conçue au nom de ce dernier; mais
la *condemnatio* l'était au nom de l'acheteur, qui devenait
dominus litis, en ce sens que le procès une fois engagé, la
litis-contestation une fois formée et entraînant nécessairement
novation, il devait s'ensuivre une condamnation à son profit
ou à son préjudice.

C'était déjà presque une cession des créances, puisque tous
les avantages en étaient transférés à l'acheteur, sans l'intervention des débiteurs. Il ne manquait, pour que ce fût une
véritable cession, que l'irrévocabilité. L'acheteur n'était, en
effet, qu'un mandataire; en agissant en cette qualité, il se
rendait bien *dominus litis,* et la condamnation était bien
prononcée à son profit; mais sa position restait précaire jusqu'à la litis-contestation. Jusque-là, le mandat était susceptible de s'éteindre, non par la révocation, car on arriva de
bonne heure à ne pas permettre la révocation de la *procuratio*

(¹) *Vat. fragm.,* § 317 et 339. — Gaius, IV, 86 et 87.

in rem suam (¹); mais, par la mort de l'une des parties (²).

De plus, si le vendeur ne pouvait pas révoquer le mandat, il pouvait en rendre l'exécution impossible en la prévenant, soit en recevant lui-même le paiement des créances, soit en intentant les actions, soit en transigeant, en novant ou en compensant avec les débiteurs, qui, ainsi libérés vis-à-vis de leur créancier ostensible, ne pouvaient plus être poursuivis. Il fallait, pour que la cession de la créance fût véritable, assurer le droit de l'acheteur contre de telles éventualités.

L'acheteur a trouvé une garantie contre les actes par lesquels le vendeur pouvait rendre impossible l'exécution du mandat, dans la *denuntiatio* ou notification de son mandat aux débiteurs de l'hérédité, notification qui avait pour objet de rendre le mandat irrévocable et d'empêcher les débiteurs de recevoir du vendeur des libérations valables.

Pour assurer le droit de l'acheteur contre l'extinction du mandat par la mort du mandant ou du mandataire, on inventa des actions *utiles,* que l'on accorda aux héritiers de l'acheteur, et ceux-ci purent agir contre les débiteurs comme si le mandat n'avait jamais été éteint (³).

Ces actions utiles une fois créées, l'usage en fut étendu; et on les accorda, même dans des cas où aucun mandat n'avait été donné, à ceux qui, en vertu d'un titre acquis à cet effet, avaient le droit d'exiger la cession de la créance. « Il » paraît, dit Molitor, que l'action utile fut la première fois » accordée en pareil cas à l'acheteur d'une hérédité (⁴).

Depuis cette extension des actions utiles, on put dire que les créances purent être cédées. Elles permirent à l'acheteur

---

(¹) L'acheteur se serait opposé à cette révocation par une exception de dol, peut-être par une exception *ex empto.*

(²) § 10, I. *De mandato.*

(³) L. 33, C. *De donationibus.*

(⁴) *Les obligations en droit romain,* t. III, n° 1183.

de l'hérédité d'agir contre les débiteurs, sans avoir à redouter l'extinction d'un mandat, et de transférer ses droits à ses propres héritiers. Le *denuntiatio* empêchait les débiteurs de payer à d'autres qu'à lui; il ne lui manquait plus que le titre de créancier.

L'introduction des actions utiles ne changea point la position des débiteurs vis-à-vis de l'acheteur de l'hérédité; elle fit seulement supposer l'existence d'un mandat dans des cas où il n'avait pas été donné. La loi le donnait elle-même; mais c'était toujours en qualité de mandataire que l'acheteur agissait contre les débiteurs de l'hérédité. Le titre de créancier continuait de reposer sur la tête du vendeur; c'était toujours en son nom que les actions étaient exercées ([1]).

Tel était sur ce point l'état du droit au temps de Justinien. Ce qui ne pouvait pas se faire dans l'ancien droit sans une novation qui détruisit, pour les remplacer par d'autres, les créances et les dettes laissées par le défunt, put se faire plus tard par le moyen détourné d'un mandat, qui fut expressément nécessaire d'abord, mais dont on se dispensa dans la suite. Ce fut un véritable transport de la créance, qui permit à celui qui le recevait d'agir comme s'il était créancier. Il fut alors possible au vendeur d'accomplir immédiatement la seconde partie de ses obligations, en transportant à l'acheteur tous ses droits contre les débiteurs de l'hérédité.

VII.

Restait à atteindre le troisième but auquel tendait la vente de la succession : en faire supporter les dettes à l'acheteur. L'obligation de les supporter existait bien contre lui en vertu du contrat de vente et des stipulations *emptæ et venditæ*

([1]) Molitor; *Les obligations en droit romain*, t. III, n° 1184. Il s'appuie de l'autorité de Muhlenbruch, *Traité de la cession*, § 16 et 17.

hereditatis; mais cela se restreignait aux relations de l'acheteur avec le vendeur. A l'égard des créanciers, le vendeur
était toujours leur débiteur, en sa qualité d'héritier et de
continuateur de la personne du défunt; il n'était pas possible de leur imposer l'acheteur pour débiteur. Tout ce qu'on
put faire, ce fut l'établissement de la représentation judiciaire
qui le fit. Le vendeur, obligé de répondre aux demandes des
créanciers de la succession, pouvait donner à l'acheteur
mandat de le représenter comme défendeur à ces actions.
Alors, de même que lorsque le *procurator* figurait comme
demandeur, il devenait *dominus litis,* et l'action *judicati*
était donnée contre lui. La dette se trouvait ainsi tournée
directement contre l'acheteur.

Les droits des créanciers n'étaient cependant point sacri-
fiés. Quand l'acheteur venait recevoir la condamnation à la
place du vendeur, il leur donnait des cautions qui sauve-
gardaient leurs intérêts; il s'engageait solennellement, avant
la litis-contestation, à payer le montant de la condamnation,
si elle était prononcée contre lui, et fournissait des fidéjus-
seurs qui garantissaient son engagement. C'était la caution
judicatum solvi. Souvent même le vendeur de l'hérédité se
rendait fidéjusseur pour l'acheteur, et restait ainsi obligé,
malgré la novation qu'entraînait la litis-contestation ([1]).

On arriva même à permettre à l'acheteur de l'hérédité de
prendre contre les créanciers la défense du vendeur attaqué,
sans prouver qu'il eût un mandat à cet effet; il lui suffisait
de fournir la caution *judicatum solvi.* Mais ce n'était point
une faveur attachée à son titre d'acheteur de l'hérédité : le
premier venu pouvait en faire autant et figurer à la défense
comme *defensor* ou *negotiorum gestor* ([2]).

Ainsi, on n'arriva pas, pour les dettes de la succession, à

([1]) § 4 et 5, 1. *De satis dationibus.*
([2]) § 5, 1., *eod. tit.*

un transport aussi complet que pour les créances. On enleva au vendeur la possibilité d'agir contre les débiteurs de la succession; mais on ne le libéra pas vis-à-vis des créanciers : il resta exposé à leurs poursuites tant que l'acheteur ne les avait pas payés.

VIII.

Je me suis placé jusqu'à présent dans l'hypothèse d'une cession faite par un héritier unique et portant sur l'hérédité tout entière. Quand plusieurs héritiers étaient appelés à une succession, chacun pouvait céder ses droits successifs, soit à un étranger, soit à un de ses cohéritiers. Les règles de la cession étaient les mêmes; l'objet seul était différent : c'était une partie de l'hérédité, au lieu d'être l'hérédité entière. La cession s'en faisait par les mêmes moyens, anciennement par la cession *in jure,* plus tard par la vente.

Elle pouvait même, dans certains cas, affecter une forme plus simple. Si l'hérédité était dévolue à deux héritiers dont l'un voulût céder ses droits à l'autre, le cédant n'avait qu'à ne pas faire adition d'hérédité; le cessionnaire faisait adition tout seul et était seul héritier. Mais on ne pouvait procéder ainsi qu'entre héritiers; encore fallait-il que les cohéritiers ne fussent pas héritiers nécessaires; et s'il y avait plus de deux cohéritiers, le défaut d'acceptation de l'un profitait à tous ceux qui faisaient adition.

Quand on procédait par vente, toutes les obligations du cohéritier qui vendait ses droits successifs se résumaient à une seule, au moins depuis l'admission de la représentation judiciaire : le vendeur n'avait qu'à céder à l'acheteur son action *familiæ erciscundæ* ([1]). L'hérédité n'étant point par-

---

([1]) C'était le nom que les Romains donnaient à l'action en partage de succession.

tagée, il n'y avait point à s'occuper de livrer à l'acheteur les objets corporels, ou de lui céder des actions particulières. Il suffisait que le cédant donnât au cessionnaire mandat de demander en son nom le partage de la succession. Le cessionnaire devenait alors *procurator in rem suam;* en cette qualité, il intentait l'action en partage; la *litis* contestation se formait entre lui et les cohéritiers du cédant; il devenait *dominus litis,* et l'adjudication d'une part des biens et des créances était faite directement à son profit.

CHAPITRE II.

DES CONDITIONS NÉCESSAIRES POUR LA VALIDITÉ DE LA CESSION.

Il n'y a pas de vente sans une chose vendue; aussi, la première condition nécessaire pour qu'une cession ou vente d'hérédité fût valable, était-elle l'existence de l'hérédité vendue. « Quum hereditatem aliquis vendidit, esse debet heredi- » tas, ut sit emptio (¹). »

On ne pouvait donc pas vendre l'hérédité d'une personne vivante; car l'hérédité ne commence à exister qu'après le décès de la personne. La vente de la succession d'un vivant était donc nulle : « Si hereditas vænierit ejus qui vivit aut » nullus sit, nihil esse acti, quia in rerum natura non sit » quod vænierit (²). »

Par la même raison, on ne pouvait vendre l'hérédité de celui *qui nullus erat,* c'est-à-dire de celui qui était sans personnalité d'après le droit civil. Accurse, dans ses notes sur la loi 1, *D. De hered. vend.,* applique cela à l'esclave : « Quod

---

(¹) L. 7, D. *De hered. vend.* — L'existence de l'hérédité était nécessaire aussi bien quand la cession se faisait par la cession *in jure,* que quand elle se fit par la vente.

(²) L. 1, D. *De hered. vend.*

» non est hereditas ejus qui est nullus de jure civili, ut servi. »
L'esclave n'ayant pas de personnalité, ne pouvait avoir ni héritier, ni hérédité.

Lorsqu'il avait été vendu une hérédité sans existence, il
n'y avait pas de vente; et si l'acheteur avait payé le prix ou
une partie du prix, il pouvait contraindre le vendeur à lui
en faire la restitution. L'action qui lui était accordée dans
ce but était la *condictio sine causa* (¹). Il avait même le
droit de se faire rembourser toutes les impenses qu'il avait
faites pour cette fausse vente. Le vendeur l'ayant induit en
erreur en lui vendant ce qui n'existait pas, devait réparer le
tort qu'il lui avait causé (²).

Pour que la vente de l'hérédité fût parfaite entre le vendeur et l'acheteur, il suffisait que l'hérédité existât (³). Il
n'était pas nécessaire qu'elle appartînt au vendeur, car la
vente de la chose d'autrui était valable d'après le droit romain. Ce n'est pas dire que le propriétaire pût être privé

___

(¹) L. 7, D. *De hered. vend.*

(²) ... Et si quid in eam rem impensum est, emptor a venditore consequatur. (L. 8,
D. *De hered. vend.*)

(³) Pour qu'il y eût vente de l'hérédité, il était nécessaire qu'un prix eût été promis
en argent, sans cela il n'y avait pas de vente. (§ 2. 1. *De emptione et venditione.*)
Cependant, rien n'empêchait de céder une hérédité en échange d'une chose quelconque;
mais alors ce n'était plus une vente de l'hérédité, c'était le contrat qui a reçu dans notre
droit le nom d'*échange*. A Rome, quoique dans l'usage il fût désigné sous le nom de
permutatio, ce n'était juridiquement qu'un contrat innommé, qui n'avait rien d'obligatoire tant qu'il n'avait été exécuté par aucune des parties. « Ex placito permutationis,
nulla re secuta, constat nemini actionem competere. » (L. 3, C. *De rerum permu-
tatione.*) Mais dès que l'un des contractants avait exécuté son engagement, en livrant
la chose qu'il avait promise, l'obligation de l'autre prenait naissance, et celui qui avait
exécuté avait contre lui, soit l'action *præscriptis verbis*, pour le contraindre à exécuter
son obligation, soit la *condictio causa data causa non secuta*, pour obtenir la restitution de ce qu'il avait livré. Cela pouvait s'appliquer à l'hérédité. On pouvait promettre
d'échanger l'hérédité contre une autre chose; jusque-là, il n'y avait pas de contrat;
c'était un simple pacte qui n'engendrait aucune obligation. Mais si l'un des contractants
exécutait sa promesse, par exemple si la chose promise en échange de l'hérédité était
livrée à l'héritier, le contrat se formait par cette exécution.

malgré lui de sa chose; la vente faite par un tiers ne l'obligeait pas, mais l'acheteur avait l'action *ex emplo* pour demander au vendeur l'exécution de son engagement. Cette exécution était alors impossible, le vendeur ne pouvant pas, malgré le propriétaire de la chose vendue, en donner à l'acheteur la jouissance paisible; alors il était condamné à payer une somme d'argent; la condamnation était pécuniaire comme toutes les condamnations civiles; et le juge, pour en fixer le *quantum*, appréciait la valeur de la chose vendue et le préjudice que causait à l'acheteur l'inexécution de la promesse du vendeur.

Ainsi, la vente de l'hérédité était valable, quoiqu'elle n'eût pas été faite par l'héritier. Le vendeur, qui ne pouvait pas alors en faire passer les avantages à l'acheteur, était condamné, non à lui restituer le prix qu'il avait reçu, mais à lui payer une somme représentant l'avantage que celui-ci aurait pu retirer de l'hérédité ([1]). Ce n'était pas alors par la *condictio sine causa* que l'acheteur obtenait cette somme, c'était par l'action *ex emplo;* et le vendeur n'en avait pas moins contre lui l'action *ex vendito,* pour obtenir le paiement du prix, ce prix fût-il plus ou moins considérable que la valeur de l'hérédité.

Il en était autrement quand la cession de l'hérédité se faisait par la cession *in jure.* La vente, qui ne produisait que des obligations, s'appliquait facilement à une hérédité qui n'appartenait pas au vendeur; mais la cession *in jure,* translative de propriété, ne pouvait être faite que par le propriétaire, par l'héritier, quand il s'agissait d'une hérédité. La cession *in jure,* portant sur une hérédité qui n'appartenait pas au cédant, ne produisait aucun effet. Si le cessionnaire avait payé le prix, il en obtenait la restitution par la *condictio*

([1]) L. 8 et L. 9, D. *De hered. vend.*

sine causa; il n'obtenait pas autre chose que le prix, quoique l'hérédité pût avoir une valeur plus considérable.

Je n'ai trouvé, il est vrai, dans les recueils de droit romain aucun passage confirmant cette solution. Cette absence de textes ne doit pas étonner; car la cession *in jure* n'existant plus au temps de Justinien, les recueils rédigés à cette époque ne peuvent parler de la cession d'hérédité faite dans cette forme. Malgré ce vide, les principes généraux qui nous sont connus sur la cession *in jure* ne doivent pas laisser de doute; nul, à l'exception du propriétaire, ne pouvait transférer la propriété : tout acte translatif de propriété fait par un autre était nul et de nul effet.

Revenons à la cession d'hérédité faite en forme de vente.

Quoique, en général, le vendeur d'une hérédité qui ne lui appartenait pas fût obligé de payer à l'acheteur une somme égale aux avantages que l'hérédite aurait produits à ce dernier, la vente pouvait être faite de telle façon que le vendeur fût à l'abri de toute garantie. Cela avait lieu lorsqu'il vendait seulement ses prétentions à l'hérédité [1]. L'objet de la vente était alors seulement un droit aléatoire, l'espoir d'une hérédité, un hasard comme quand on achète un coup de filet. Si ce hasard ne produisait pas de résultat avantageux pour l'acheteur, le vendeur n'en était pas responsable, et il pouvait conserver ou exiger le prix, pourvu qu'il eût agi de bonne foi. Mais s'il avait vendu une hérédité, sachant qu'il n'y avait aucun droit, il répondait de son dol, et pouvait être, par une action de dol, obligé à la restitution du prix [2].

La vente de prétentions à une hérédité n'était, du reste, valable que si l'hérédité était ouverte au moment de la vente;

---

[1] Si in venditione hereditatis, id actum est ut, *si quid juris esset venditoris, venire nec postea quidquam præstitu iri.* (L. 10, D. *De hered. vend.*) — *si qua est hereditas, esto tibi empta.* (L. 11, D., *eod. tit.*)

[2] L. 13, D , *eod. tit.*

on ne pouvait vendre ses prétentions à une hérédité future; on considérait un pacte de cette nature comme contraire à la décence et aux bonnes mœurs. Pour traiter sur la succession d'un homme, il est convenable d'attendre qu'il ait cessé de vivre. On pouvait donc seulement vendre ses prétentions à une hérédité ouverte à laquelle on croyait de bonne foi avoir des droits : c'était, dans ce cas seulement, que le vendeur n'était tenu à aucune restitution, si l'hérédité ne lui appartenait pas.

CHAPITRE III.

DES EFFETS DE LA CESSION.

En traitant de la forme de la cession, j'ai dû parler, dans le chapitre premier, de ses effets généraux. Je ne pouvais faire autrement, car les effets à obtenir pouvaient seuls expliquer les formes employées. Je vais maintenant les examiner d'une manière plus spéciale; je traiterai d'abord des effets que la cession produisait entre les parties, puis des conséquences qu'elle pouvait avoir pour les tiers.

SECTION I.

Des effets de la cession entre les parties.

I.

Quand le titre même d'héritier pouvait être cédé par la cession *in jure* ([1]), les effets de la cession se résumaient à ceci : le cessionnaire était héritier et avait tous les droits

_____

([1]) V. chap. 1er, page 17.

attachés à cette qualité; le cédant n'avait ni cette qualité ni ces droits : tous les biens de la succession appartenaient au cessionnaire; toutes les créances reposaient sur sa tête; toutes les obligations passives devaient être exécutées par lui. Le cédant était étranger à la succession; le cessionnaire était seul héritier; tout se passait comme si ce dernier avait été directement appelé à ce titre par une vocation légale.

Quand la cession *in jure* n'avait lieu qu'après l'adition d'hérédité, ou quand elle était faite par un héritier qui avait ce titre de plein droit, indépendamment de toute adition, le cédant continuait d'être héritier; mais ce titre ne demeurait pas accompagné des avantages pécuniaires qui en dépendaient avant la cession. J'ai montré déjà ces conséquences un peu bizarres; la propriété des choses corporelles de la succession était transférée instantanément au cessionnaire; le cédant restait obligé envers les créanciers, qui n'acquéraient aucune action contre le cessionnaire. Quant aux créances de l'hérédité, elles ne passaient pas à ce dernier, quoiqu'elles ne restassent pas au cédant : elles n'appartenaient plus à personne; elles avaient cessé d'exister, et les débiteurs se trouvaient libérés. Cette dernière conséquence devait rendre bien rares les cessions dans cette forme.

Ce sont surtout les effets de la cession faite en forme de vente qui vont nous occuper, d'abord parce que c'est sur eux que les recueils de droit romain nous fournissent le plus de documents, et aussi parce que la plupart sont passés dans notre droit.

J'ai dit plus haut que la vente de l'hérédité faisait naître entre le vendeur et l'acheteur des obligations réciproques. Commençons par celles du vendeur.

II.

La vente de l'hérédité ne transmettait à l'acheteur aucune propriété. Le vendeur n'était pas même obligé de le rendre propriétaire de la moindre partie de l'hérédité : il devait seulement le mettre en position d'en jouir aussi librement et aussi paisiblement qu'un propriétaire. On a vu comment s'effectuait cette mise en possession, tant pour les objets corporels que pour les choses incorporelles.

Quand l'acheteur était mis en possession et jouissait paisiblement, il n'avait rien de plus à réclamer. Eût-il appris que l'hérédité n'avait jamais appartenu à celui qui la lui avait vendue, il ne pouvait pas se plaindre tant qu'il n'éprouvait pas d'éviction. « Qui rem emit et post possidet, » quandiu evicta non est, auctorem suum propterea quod » aliena vel obligata res dicatur, convenire non potest [1]. » Il n'eût été admis à se plaindre avant l'éviction que si le vendeur avait été de mauvaise foi en vendant une hérédité sur laquelle il savait n'avoir pas de droits. « Si sciens alie- » nam rem ignoranti mihi vendideris : etiam, prius quam » evincatur, utiliter me ex empto acturum putavit in id, » quanti mea intersit meam esse factam; quamvis enim alio- » quin verum sit, venditorem hactenus teneri, ut rem emp- » tori habere liceat, non etiam ut ejus faciat, quia tamen do- » lum malum abesse præstare debeat, teneri eum qui sciens » alienam non suam ignoranti vendidit [2]. »

Les obligations du vendeur de l'hérédité se résumaient à ceci : faire passer à l'acheteur tous les profits retirés ou à retirer de la succession. Il en résultait d'abord l'obligation de livrer les biens composant la masse héréditaire. Cette masse

[1] L. 3, C. De evictionibus.
[2] L. 30, § 1, D. De actionibus empti et venditi.

devait être livrée telle qu'elle était au jour de la vente. Il ne
suffisait pas de livrer ce que comprenait l'hérédité au moment du décès, ni même ce qu'elle comprenait au moment
de l'adition. C'était à l'époque de la vente qu'il fallait se
placer pour savoir ce qui avait été l'objet du contrat; les
parties avaient dû envisager l'hérédité telle qu'elle était alors.
Le vendeur ne devait en retirer aucun avantage : tout ce
qu'il en avait retiré, il devait le faire passer à l'acheteur. Il
devait donc lui livrer tout ce qui, né ou provenu des choses
héréditaires depuis l'ouverture de la succession, était venu
augmenter la masse; savoir : tout ce qui avait été reçu des
débiteurs, tous les fruits tant naturels que civils qui avaient
été produits (¹)..... « Nam venditio et conventio hereditatis
» transferendæ, sic a veteribus accepta est, ut spectari de-
» beat quantum sit in hereditate, non tempore mortis testa-
» toris aut quo tempore aditur hereditas, sed quantum sit
» per id tempus quo venditio fit (²). »

Le vendeur devait livrer à l'acheteur les choses héréditaires
en nature; il ne lui suffisait pas d'en offrir l'estimation (³).
Il avait vendu l'hérédité, et non promis d'en payer la valeur.
Cependant, à l'époque de la procédure formulaire, comme
toutes les condamnations étaient pécuniaires, l'obligation du
vendeur se trouvait souvent tranformée en une obligation
pécuniaire; mais quand la procédure par formules disparut,
la condamnation cessa d'être nécessairement pécuniaire, et
l'acheteur eut le droit d'exiger en nature la livraison des
objets composant l'hérédité.

Mais la livraison en nature était quelquefois impossible.

(¹) Hereditas juris nomen est, quod et accessionem et decessionem in se recipit;
hereditas autem vel maxime fructibus augetur. (L. 178, § 1. D. De verb. sign.)

(²) Doneau, sur la loi 2, C. De hered. vend., n° 3. — L. 2, § 1. D. De hered.
vend.

(³) L. 97, D. De verb. sign.

Des objets, parvenus d'abord à l'héritier, pouvaient ne plus exister entre ses mains au moment de la vente. A ce sujet, son obligation variait, suivant la cause qui avait fait disparaître ces objets.

Quand la disparition était une perte absolue, qui n'avait causé aucun profit au vendeur, celui-ci ne devait à l'acheteur aucune indemnité. Il s'était engagé à lui livrer l'hérédité telle qu'elle consistait au moment de la vente, et elle ne comprenait pas les objets perdus. Il n'y avait même pas à rechercher si la perte était arrivée par la faute ou sans la faute du vendeur; car avant de vendre l'hérédité, il l'administrait en maître; si son administration en avait diminué la valeur, le prix de vente avait dû être moins élevé.

Mais si le vendeur avait tiré quelque profit des choses disparues, il devait en restituer le montant à l'acheteur, car il était tenu de lui livrer tout ce qui lui était provenu de l'hérédité. Ainsi, avait-il vendu des objets de la succession, il devait à l'acheteur le prix qu'il en avait retiré ([1]). Il devait même lui faire raison de la valeur des choses dont il avait disposé par donation, et de celles qu'il avait consommées pour son usage ([2]).

Après lui avoir vendu l'hérédité et avoir ainsi contracté l'engagement de lui faire passer tous les avantages qu'elle pouvait produire, le vendeur était obligé de conserver, pour les livrer à l'acheteur, toutes les choses qui la composaient. Il ne pouvait plus en disposer sans contrevenir à ses engagements.

Il en restait néanmoins propriétaire, tant qu'il n'en avait pas transféré la propriété à l'acheteur par un mode légal de

---

([1]) C'était alors le prix seulement que le vendeur devait restituer, car il ne devait que le profit qu'il avait retiré. Il en était autrement pour les choses qu'il avait vendues depuis la cession de l'hérédité, parce qu'elles avaient été comprises dans la vente.

([2]) L. 2, § 1 et § 3, D. *De hered vend.*

translation, au temps de Justinien tant qu'il ne les avait pas
livrées (¹). Alors, s'il les aliénait, le tiers qui les aquérait
ne pouvait pas être évincé par l'acheteur de l'hérédité, qui
avait seulement contre le vendeur l'action *ex emplo* pour lui
demander l'exécution de son engagement, c'est-à-dire la livraison en nature. Cette livraison était devenue impossible,
et l'acheteur obtenait une condamnation pécuniaire, dont le
quantum n'était pas basé strictement sur le prix pour lequel
la chose avait été vendue, mais sur sa valeur et sur l'intérêt
que l'acheteur de l'hérédité aurait eu à l'obtenir en nature (²).

Le vendeur de l'hérédité, débiteur envers l'acheteur de
toutes les choses héréditaires, ne devait pas se borner à ne
pas les aliéner. Il devait aussi s'abstenir de les détruire et de
les faire périr. Il n'était pas responsable de la perte arrivée
sans sa faute, mais il répondait de celle qu'il avait occasion-
née, car, après la vente, il n'administrait plus en maître : il
était débiteur. Et il n'était pas seulement en faute quand il
avait fait un acte matériel dont la perte de la chose était
résultée; sa responsabilité était la même quand la chose
périssait, même sans son fait, après qu'il avait été mis en
demeure de la livrer; à partir de la mise en demeure, il répondait de tout : il était en faute pour n'avoir pas fait la livraison au moment où elle lui était réclamée (³).

Mais quand il avait, avant d'être mis en demeure, vendu
une chose faisant partie de la masse héréditaire, si cette
chose périssait par un cas fortuit entre les mains du tiers
acquéreur, l'acheteur de l'hérédité n'avait-il rien à réclamer?
Ne pouvait-il pas exiger le prix que le vendeur avait reçu?

(¹) On se rappelle que la tradition était devenue le seul mode de translation.

(²) Quoniam contractûs fidem fregit, ex emplo actione conventus, quanti tua interest præstare cogitur. (L. 6, C. *De hered. vend.*)

(³) L. 3, D. *De periculo rei venditæ.* — L. 4, C., *eod. tit.*

La raison de douter venait de ce que, l'héritier étant débiteur envers l'acheteur des droits successifs de la chose qu'il avait vendue ensuite à un autre, il n'avait pas pu, par cette vente, changer la nature de son obligation. L'acheteur de l'hérédité était donc créancier de la chose et non du prix : aussi sa créance paraissait-elle devoir s'éteindre par la perte fortuite de la chose, conformément au principe : *Debitor rei certæ interitu rei liberatur*. Telles sont les raisons de douter que Paul propose en la loi 21, D. *De hereditate vendita ;* nonobstant lesquelles il décide que l'acheteur de l'hérédité pouvait demander le prix pour lequel l'héritier avait vendu la chose périe, car ce dernier avait, en vendant l'hérédité, pris l'engagement de prester à l'acheteur tous les profits qu'il pourrait en retirer. En vendant plus tard un objet particulier, il avait en quelque sorte géré les affaires de l'acheteur, et il devait rendre compte de sa gestion et restituer ce qu'il avait reçu en cette qualité. « Quum hereditas vænit, tacite hoc » agi videtur ut, si quid tanquam heres feci, id præstem » emptori, quasi illius negotium agam. »

Bien plus, il ne répondait pas seulement des pertes qu'il avait causées : il devait même tenir compte de ce que, par dol ou faute grave, il avait manqué d'acquérir ou de recouvrer pour l'hérédité [1]. Ainsi, tant qu'il n'avait pas mis l'acheteur en possession de la succession, si une chose héréditaire était possédée par un tiers, il devait la revendiquer pour empêcher l'usucapion; si une usucapion avait été commencée par le défunt, il devait la continuer, afin de faire acquérir la chose à l'hérédité. Quoique les textes ne s'expliquent pas à ce sujet, il paraît évident que cette obligation n'était imposée à l'héritier qu'après la vente de ses droits successifs. Jusqu'à ce moment, maître absolu de l'hérédité,

[1] L. 2, § 5, D. *De hered. vend.*

il pouvait en diminuer la valeur sans encourir aucune responsabilité, et en s'exposant seulement à la vendre moins cher.

En vendant ses droits successifs, l'héritier ne vendait pas nommément chaque chose héréditaire. Il vendait la succession telle qu'elle existait avec ses forces et ses charges. Il en résultait qu'il n'était pas garant des évictions particulières. Si l'acheteur était privé dans la suite de certaines choses héréditaires parce que ces choses n'appartenaient pas au défunt, il n'avait aucune indemnité à réclamer; l'héritier, lui ayant vendu ce qui composait l'hérédité, ne lui avait pas vendu les choses dont il avait été évincé, puisqu'elles n'en faisaient point partie (¹). Il s'était engagé à lui livrer ce que comprendrait l'hérédité, et non une hérédité d'une valeur déterminée. « Si hereditas vœnierit, venditor res hereditarias » tradere debet; quanta autem hereditas est, nihil inte- » rest (²). »

Il en était autrement quand le vendeur avait affirmé la valeur de l'hérédité ou quand il avait affirmé que telle chose en faisait partie. Alors, s'il ne livrait pas une hérédité ayant la valeur promise ou comprenant la chose promise, il en devait indemniser l'acheteur (³).

Du reste, lors même qu'il n'avait pris aucun engagement relatif à la valeur de l'hérédité, il n'en était pas moins responsable de son dol, et il devait indemniser l'acheteur de toutes les acquisitions qu'il avait empêché de faire.

Rien n'empêchait le vendeur d'excepter de la vente certaines choses de la succession. Alors il n'était obligé de livrer à l'acheteur ni les choses exceptées, ni ce qu'elles avaient produit depuis la vente. « Non continetur in venditione

---

(¹) L. 2, pr. D., De hered. vend.
(²) L. 14, D., eod. tit.
(³) L. 15, D., eod. tit.

» hereditatis lucrum damnumve quod profectum est ex
» re hereditaria quæ in venditione hereditatis fuit ex-
» cepta ([1]). »

Mais les fruits produits antérieurement à la vente faisaient
partie de l'hérédité vendue, si on ne les avait eux-mêmes
exceptés expressément, et ils devaient être livrés à l'acheteur ([2]).

Les créances de la succession faisant partie de la masse
vendue, le vendeur devait en faire profiter l'acheteur. On
a vu, dans le chapitre premier, comment, par le moyen d'un
mandat exigé expressément d'abord et suppléé ensuite par
des actions utiles, la cession des créances était devenue possible. Quand le vendeur avait cédé à l'acheteur les créances
héréditaires, ses engagements à cet égard étaient accomplis.
Il ne répondait pas de la solvabilité des débiteurs; il ne répondait même pas de l'existence des créances. Il faisait passer à l'acheteur le droit qu'il avait lui-même, et rien de plus;
de sorte que, si le débiteur d'une créance en faisait prononcer la nullité, ou s'il prouvait qu'elle avait été éteinte vis-à-
vis du défunt lui-même, par suite d'un paiement, d'une compensation ou autrement, l'acheteur de l'hérédité n'avait aucune réclamation à adresser pour ce motif à l'héritier. Ce
dernier n'était responsable de l'extinction que si elle prove-
nait de son chef.

L'héritier devait livrer à l'acheteur tous les profits qu'il
avait retirés de l'hérédité. Mais qu'arrivait-il, s'il se faisait
payer, en qualité d'héritier, une chose qui n'était pas due à
la succession? On décidait qu'il n'en devait pas la restitution
à l'acheteur. Ce n'était pas véritablement par droit héréditaire
qu'il avait reçu ce paiement, c'était sans droit; et il était

---

([1]) Pothier; Pandectes, liv. XVIII, tit. 4, n° 20. — L. 2, § 12 et 13, D. De
hered. vend.

([2]) V. Pothier, loc. cit. — L. 25, D. De hered. vend.

exposé à la *condictio indebiti*. Cependant, s'il avait reçu, en vertu d'un jugement obtenu par lui en qualité d'héritier, la restitution devait avoir lieu; car le paiement était justifié par le jugement, et il n'y avait plus application à la *condictio indebiti*. On faisait la même distinction quand le vendeur avait payé des choses que l'hérédité ne devait pas : s'il avait payé en vertu d'une sentence rendue contre lui en qualité d'héritier, il pouvait porter en compte à l'acheteur ce qu'il avait ainsi été forcé de payer; s'il avait payé librement, il pouvait agir par la *condictio indebiti* contre celui qui avait reçu; mais rien ne pouvait être demandé à l'acheteur (¹).

Au surplus, le vendeur devait rendre compte à l'acheteur des profits quelconques qu'il avait retirés de la succession, encore qu'ils n'eussent pas consisté dans la prise et la disposition matérielle d'une chose héréditaire, quand, par exemple, il avait été enrichi par libération. Cela avait lieu lorsque, étant débiteur du défunt, sa dette s'était trouvée éteinte par confusion, lors de l'adition d'hérédité, ou bien lorsqu'il était, avant ou après la vente, devenu héritier d'un débiteur de la succession (²).

Si le fils de l'héritier était débiteur du défunt, l'adition d'hérédité éteignait, au profit de l'héritier, l'obligation à laquelle il était tenu de payer la dette de son fils jusqu'à concurrence du pécule de celui-ci. Il y avait donc pour lui libération de l'action *de peculio;* il devait, par conséquent, rendre à l'acheteur de la succession compte de tout le profit que cette libération lui avait procuré; c'est-à-dire qu'il était tenu de lui faire une restitution qui ne pouvait excéder le pécule du fils (³).

Quand plusieurs héritiers étaient appelés à une même suc-

(¹) L. 2, § 7, D. *De hered. vend.*.
(²) L. 20, D., *eod. tit.*
(³) L. 2, § 0, D., *eod. tit.* — L. 37, pr. D. *De peculio.*

cession, la cession que l'un d'eux faisait de ses droits successifs produisait à peu près les mêmes effets; seulement, les effets étaient partiels et subordonnés au partage. Il suffisait au cohéritier qui avait vendu ses droits successifs, de céder à l'acheteur son action *familiæ erciscundæ :* toutes ses obligations se résumaient à cette cession. Le cessionnaire figurait alors au partage comme représentant du cédant, et devait se contenter de ce qui était mis à son lot. Il pouvait même arriver que le juge adjugeât la totalité de l'hérédité à l'un des cohéritiers, en le condamnant à payer aux autres une somme d'argent, pour leur part dans la masse à partager [1]. Cela avait lieu toutes les fois que les biens ne pouvaient pas être facilement partagés; mais il ne paraît pas que ce droit du juge ait été limité au cas où le partage était impossible ou difficile; il était souverain appréciateur de l'avantage que devait produire l'un ou l'autre mode de procéder. Alors le cessionnaire des droits d'un cohéritier devait se contenter de l'attribution qui lui était faite; si ce n'était pas lui qui obtenait l'adjudication de tous les biens, il devait s'en tenir à la somme d'argent que l'adjudicataire était condamné à lui payer.

Du reste, que la cession des droits de l'un des cohéritiers fût faite à un de ses cohéritiers ou à un étranger, peu importait; les conséquences en étaient les mêmes. Le partage était lui-même translatif de propriété; la cession fît-elle cesser l'indivision entre les cohéritiers, le cessionnaire ne possédait jamais, à titre héréditaire personnel, que la part pour laquelle il était héritier; il avait acheté le surplus, et aucune fiction n'avait encore été inventée pour faire présumer qu'il n'avait pas acheté [2].

---

[1] Sed potest etiam Judex, licitatione admissa, uni rem adjudicare (L. 22, § 1, D. *Familiæ erciscundæ.*)

[2] L. 6, § 8, D. *Communi dividundo.*

III

Ce n'était pas seulement l'héritier légitime ou institué qui
pouvait céder ses droits successifs. Si le défunt avait chargé
son héritier de restituer l'hérédité à un fidéicommissaire,
celui-ci pouvait également céder les droits que le fidéicommis lui donnait sur l'hérédité.

Ce fut sous le règne d'Auguste que les fidéicommis devin-
rent obligatoires (¹); et dans les années qui survinrent, le
fidéicommissaire, pouvant être appelé à l'hérédité tout entière,
pouvait la vendre et en faire passer tous les avantages à l'a-
cheteur. Mais plus tard, sous le règne de Vespasien et le con-
sulat de Pégase et de Pusion, fut rendu le sénatus-consulte
pégasien qui permit à l'héritier chargé de restituer l'hérédité à un fidéicommissaire, d'en retenir le quart, s'il ne lui
avait été expressément laissé par le défunt (²); alors le fidéicommissaire ne put plus être appelé à l'hérédité tout entière;
il ne put jamais en avoir plus des trois quarts. Il ne pouvait, par conséquent, en vendant l'hérédité, faire passer à
l'acheteur plus des trois quarts des avantages qu'elle devait
produire.

Aucune difficulté ne s'élevait lorsqu'il avait vendu en qualité de fidéicommissaire ; l'acheteur devait savoir qu'il n'a-
chetait que les trois quarts de l'hérédité. Mais qu'arrivait-il
si le fidéicommissaire vendait en se disant héritier? L'acheteur pouvait croire qu'il achetait l'hérédité entière, et la payer
en conséquence. Cependant, cette vente ne pouvait pas priver l'héritier de ce que le sénatus-consulte lui réservait. La
vente portait donc en partie sur la chose d'autrui; elle n'é-
tait point nulle pour cela; mais alors le fidéicommissaire qui

(¹) § 1, I. De fidei commissariis hereditatibus.
(²) § 5, I., eod. tit.

avait vendu en se décorant de la qualité d'héritier, devait, sur ses propres biens, indemniser l'acheteur de tout le préjudice qu'il lui causait en ne lui livrant que les trois quarts de l'hérédité ([1]).

Un légataire partiaire pouvait aussi céder ses droits au legs, et la cession produisait alors les mêmes effets qu'une cession faite par un héritier appelé à recueillir une partie seulement de l'hérédité.

IV

La cession des droits successifs donnait aussi naissance à plusieurs obligations de la part de l'acheteur. La première était de payer le prix pour lequel la cession lui avait été faite. Le vendeur avait, pour l'y contraindre, l'action *ex vendito*. Ce paiement devait être fait immédiatement ou à une époque convenue entre les parties. Si aucun délai n'avait été accordé, et si l'acheteur ne payait pas immédiatement ou ne payait qu'en partie, le vendeur avait le droit de retenir en gage les choses héréditaires, jusqu'à ce que le paiement eût été effectué ou complété ([2]).

Du reste, lors même que les choses héréditaires avaient été livrées à l'acheteur, celui-ci n'en devenait point propriétaire tant qu'il n'avait pas payé le prix ou fourni au vendeur des garanties acceptées par lui, telles qu'un gage ou une caution. « Quod vendidi non aliter fit accipientis, quam si » aut pretium nobis solutum sit aut satis eo nomine factum, » vel etiam fidem habuerimus emptori sine ulla satisfac- » tione ([3]). »

Outre le paiement du prix, l'acheteur devait indemniser

([1]) L. 16, D. *De hered. vend.*

([2]) L. 22, D., *eod. tit.*

([3]) L. 10 et L. 53, D. *De contrahenda emptione.* — § 41,1 *De divisione rerum.*

l'héritier de tout ce qu'il avait dépensé ou pouvait dépenser dans la suite à raison de la succession. Il devait, pour tous les résultats pécuniaires, prendre la place du cédant; celui-ci le faisait profiter de tout ce qu'il y avait d'avantageux; il fallait qu'il l'indemnisât de tout ce qu'il y avait d'onéreux dans l'hérédité (¹).

Ainsi, tout ce que le cédant avait payé aux légataires ou aux créanciers de la succession, tout ce qu'il avait déboursé pour les frais funéraires du défunt, pour les réparations nécessaires aux bâtiments, pour le paiement des impôts, l'acheteur lui en devait le remboursement (²). C'était encore par l'action *ex vendito* qu'il y était contraint.

Toutes les charges de l'hérédité devant passer à l'acheteur, c'était lui qui devait payer tous les créanciers que l'héritier n'avait pas payés avant la cession; c'était aussi lui qui devait acquitter tous les legs. Néanmoins, comme le cédant conservait le titre d'héritier, il pouvait être poursuivi personnellement par les créanciers et les légataires, et se trouver obligé de les payer; alors il avait un recours contre l'acheteur, qui devait l'indemniser de ces nouveaux déboursés. Il pouvait même agir contre ce dernier avant d'avoir payé les legs et les créances; il suffisait, pour autoriser son action, qu'il fût exposé à être poursuivi. L'acheteur était alors obligé de le faire libérer en payant les créanciers et les légataires, ou en lui fournissant l'argent pour le faire (³).

L'acheteur de l'hérédité devait aussi faire raison à l'héritier des droits que celui-ci avait contre le défunt et qui s'étaient éteints par confusion. Le cédant était-il créancier du défunt; sa créance s'était éteinte au moment où il était devenu héritier par la réunion sur sa tête de la double qualité

(¹) L. 2, § 11, D. *De hered. vend.*
(²) L. 2, § 17, D., *eod. tit.*
(³) L. 2, § 20, D., *eod. tit.*

de débiteur et de créancier; l'acheteur devait l'indemniser de l'extinction de cette créance qui avait éteint une dette de l'hérédité. Si un immeuble de la succession devait une servitude à un immeuble de l'héritier, l'acheteur des droits successifs devait la rétablir, afin que l'héritier fût indemne de tout ce que la succession lui avait coûté (¹).

De même, si après la vente de ses droits successifs le cédant devenait héritier de quelqu'un des créanciers de la succession ou de quelqu'un des légataires, il avait le droit d'exiger la créance ou le legs, comme l'aurait fait celui aux droits duquel il succédait; car en vendant l'hérédité il avait vendu seulement les droits qu'il avait comme héritier du *de cujus,* et non ceux qu'il avait comme héritier du légataire ou du créancier (²).

SECTION II.

Des effets de la cession à l'égard des tiers.

Au temps de la cession *in jure,* quand on pouvait transférer au cessionnaire le titre même d'héritier, la cession produisait à l'égard des tiers des effets immenses. Toutes les relations juridiques étaient différentes de ce qu'elles auraient été s'il n'y avait pas eu de cession. L'héritier n'était pas celui que la loi appelait à prendre cette qualité; il avait passé son titre à son cessionnaire. Celui-ci était devenu le seul continuateur de la personne du défunt. C'était alors lui qui était propriétaire des biens héréditaires, et qui seul pouvait transférer des droits sur ces biens; c'était lui qui était créancier des débiteurs de la succession, et qui pouvait exercer contre eux toutes les actions appartenant au défunt; c'était lui aussi qui était débiteur des créanciers, et ces derniers ne pou-

(¹) L. 2, § 18 et 19, D. *De hered. vend.* — L. 0, D. *Communia prædiorum.*
(²) L. 2, § 15, et L. 24, D. *De hered. vend.*

vaient demander à d'autres qu'à lui le paiement de ce que le défunt leur devait.

Quand la cession *in jure* ne transmettait que l'hérédité, laissant subsister le titre d'héritier sur la tête du cédant, les effets de la cession à l'égard des tiers étaient moins étendus. Le cessionnaire devenait bien propriétaire des biens corporels de l'hérédité, et à partir de ce moment, nul autre que lui ne pouvait transférer de droits sur ces biens; toute translation faite par un autre était irrégulière, illégale et sans effet. Mais les créanciers de la succession continuaient d'avoir le cédant pour débiteur : après comme avant la cession, c'était à lui seul qu'ils pouvaient demander le paiement de ce que la succession leur devait; la cession n'apportait pas à leur position la moindre modification. Quant aux débiteurs, ils éprouvaient bien un changement, mais un changement tout à leur avantage; ils étaient complétement libérés.

Quand la cession se faisait dans la forme d'une vente, rien de tout cela n'existait. La vente était un contrat et ne pouvait produire d'effet qu'entre les parties contractantes; la position des tiers n'en pouvait éprouver aucune modification : *Res inter alios acta, aliis neque nocet neque prodest.*

Le vendeur, conservant sa qualité d'héritier, ne cessait pas d'être obligé envers les créanciers de la succession, comme il l'était avant de vendre ses droits héréditaires; ses obligations se continuaient également à l'égard des légataires; non-seulement les créanciers et les légataires avaient le droit de lui demander directement le paiement de leurs legs ou de leurs créances, mais ils ne pouvaient à ce sujet s'adresser qu'à lui; ils n'avaient aucune action contre l'acheteur. « Hereditate vendita, venditor, non emptor, cogitur » respondere creditoribus hereditariis et legatariis [1]. »

---

[1] Doneau, sur la loi 1, C. *De hered vend.*, n° 1. — Le droit romain n'accordait pas aux créanciers le droit d'exercer les actions de leur débiteur.

Les créanciers et les légataires n'avaient même pas d'action contre l'acheteur, quand la vente avait été faite avec la clause formellement exprimée qu'il les désintéresserait [1]. C'était là un simple pacte, qui ne pouvait pas donner naissance à une action. Mais si l'acheteur s'était engagé par stipulation vis-à-vis des créanciers et des légataires, il était lié par cette stipulation et pouvait être directement poursuivi.

On a vu, du reste, que dans tous les cas où l'héritier était obligé de payer quelque chose pour la succession, il avait une action contre l'acheteur pour en obtenir le remboursement. Cette action n'était autre que l'action *ex vendito*.

La vente des droits successifs ne rendait pas les débiteurs de la succession débiteurs du cessionnaire : c'était toujours le vendeur qui était leur créancier direct. J'ai montré comment il pouvait céder ses actions à l'acheteur par le moyen d'un mandat, et comment des actions utiles avaient été créées au profit du cessionnaire pour suppléer à l'absence du mandat. Mais la dation du mandat et l'existence des actions utiles ne privaient pas le vendeur de son titre de créancier; il pouvait donc agir lui-même contre les débiteurs, et le paiement que ceux-ci lui faisaient les libérait valablement vis-à-vis de la succession. Mais il fallait qu'il agît *rebus integris*. Quand le mandat (exprimé ou suppléé par des actions utiles) avait été dénoncé aux débiteurs, ou que la litis-contestation s'était formée entre eux et l'acheteur, le vendeur ne pouvait plus agir, et les débiteurs ne pouvaient plus lui faire de paiements qui les libérassent valablement. Mais il ne suffisait pas que les débiteurs eussent été appelés en justice par l'acheteur; tant que la litis-contestation n'était pas formée, l'action du vendeur était encore recevable.

La vente de l'hérédité n'enlevant pas au vendeur la pro-

[1] L. 2, C. *De hered. vend.*

priété des choses corporelles qui y étaient comprises, il était, tant qu'il n'avait pas transféré cette propriété à l'acheteur, libre de la transférer à d'autres; et l'acheteur devait respecter les aliénations. Celui-ci avait alors contre le vendeur un recours en indemnité, mais il ne pouvait pas évincer les tiers acquéreurs.

Quand le cessionnaire des droits successifs avait été mis en possession des biens héréditaires, il devait respecter les hypothèques ou autres droits réels dont le cédant les avait grevés avant de les lui livrer ([1]). On respectait les droits acquis par les tiers. Il n'y avait pas à distinguer alors entre la cession faite à un étranger et celle faite à un cohéritier du cédant; entre la cession portant sur l'hérédité entière et celle qui ne portait que sur une partie; entre celle qui faisait cesser l'indivision et celle qui la laissait subsister. On ne recherchait point si la cession était une véritable vente, ou si elle empruntait les caractères du partage : c'était toujours une vente. Du reste, le partage était lui-même translatif de propriété, et celui au lot duquel des biens étaient mis par un partage ordinaire, étant censé acheter ce qui ne correspondait pas à sa part héréditaire, devait respecter les droits réels que ses cohéritiers avaient établis sur leurs portions ([2]).

Quand le cessionnaire des droits successifs, mis en possession des choses héréditaires, en devenait propriétaire, il pouvait alors les aliéner ou les grever de droits réels; les tiers acquéraient valablement les droits qu'il leur transférait. Mais

([1]) Quand la cession se faisait par la cession *in jure*, mais que le titre d'héritier n'était pas déplacé, le cessionnaire devait aussi respecter les droits réels établis par le cédant avant la cession; mais, après la cession, le cédant, n'étant plus propriétaire, ne pouvait plus établir de droits réels. Quand la cession *in jure* faisait passer le titre même d'héritier sur la tête du cessionnaire, le cédant n'avait établi aucun droit réel avant la cession; autrement il y aurait eu de sa part adition tacite d'hérédité; le titre d'héritier aurait été fixé sur sa tête.

([2]) L. 6, § 8, D. *Communi dividundo.*

il fallait, pour cette validité, que la propriété fût réellement passée sur la tête du cessionnaire, et la simple tradition ne suffisait pas pour accomplir cette translation ; il fallait, en outre, comme on l'a vu plus haut, que le cessionnaire eût payé le prix de la cession, ou qu'il eût fourni au cédant des garanties acceptées par celui-ci. Tant que le prix n'avait pas été payé et que des garanties n'avaient pas été fournies, l'hérédité était *inempta ;* la propriété des choses héréditaires reposait toujours sur la tête du cédant, qui pouvait les revendiquer contre les tiers auxquels le cessionnaire les avait transmises.

DEUXIÈME PARTIE.

De la cession de droits successifs en droit français.

CHAPITRE Ier.

TRANSITION. — COUP-D'OEIL GÉNÉRAL SUR LA CESSION DE DROITS SUCCESSIFS DANS L'ANCIEN DROIT FRANÇAIS.

Introduit dans la Gaule avec la domination romaine, le droit romain y prit des racines tellement fortes, qu'il s'y maintint après la conquête de ce pays par les barbares de la Germanie. Les vainqueurs, trouvant tout fait et tout établi, un ensemble d'institutions civiles qu'ils n'auraient pas su créer, en adoptèrent promptement tout ce qui n'était pas incompatible avec leurs mœurs. Ainsi, au moment où leur puissance matérielle disparaissait, la civilisation des Romains triomphait de la barbarie de leurs vainqueurs.

Le droit romain se perpétua donc en Gaule après la conquête. Mais dans cette longue période qui s'écoula depuis la chute de la domination romaine jusqu'à la rédaction du Code Napoléon, il ne fut pas sans éprouver de nombreuses modifications. La société moderne se formait; les lois modernes se préparaient.

Dans cette période, la cession de droits successifs a conservé les caractères généraux qu'elle avait à Rome. C'est toujours ce contrat empreint d'un certain caractère aléa-

toire, obligeant le cédant à faire passer au cessionnaire tous
les avantages retirés ou à retirer de l'hérédité, et le cessionnaire à payer le prix de la cession, à supporter toutes
les charges de la succession et à indemniser le cédant des
dépenses qu'il a faites comme héritier. Le titre d'héritier repose toujours sur la tête du cédant, qui reste obligé envers
les créanciers de la succession. Alors encore, la cession d'hérédité n'est valable que quand elle porte sur une hérédité
existante ; les pactes sur succession future ne sont pas admis.
« Dans notre droit, dit Denizart (¹), tous traités de suc-
» cessions futures sont nuls comme faisant naître le désir
» de la mort de celui de la succession duquel on traite, et
» comme étant dès-lors contraires aux bonnes mœurs. »

Cependant, quelques changements dans le droit amenèrent
des modifications dans la cession de droits successifs.

J'ai déjà parlé de l'établissement de la saisine, qui dispensa
les successibles réguliers de faire adition d'hérédité, en les
nantissant de plein droit du titre d'héritiers, tout en leur
conservant le droit de s'en démunir. Cette modification apportée aux modes d'acquérir les droits héréditaires date du
moyen âge. Il serait intéressant et curieux d'étudier l'origine
de cette fiction légale, créée par les jurisconsultes en haine
de la féodalité, et pour priver les seigneurs des droits qu'ils
percevaient en mettant l'héritier en possession des biens du
défunt.

On ne trouve dans l'ancien droit de la France aucune trace
des actions que les Romains appelaient persécutoires de la
peine. Toutes les actions sont devenues persécutoires de la
chose ; jamais elles ne croissent au double ; celui qui a éprouvé
un dommage n'a droit qu'à une indemnité suffisante pour le
réparer. Quand le fait dommageable a les caractères d'un

(¹) V°. *Cession de droits successifs*, § 1, n° 2.

délit, c'est au nom de la société qu'une peine est infligée au délinquant; elle n'est plus nécessairement pécuniaire, et ne profite plus à la victime du délit. Si les *compositions pécuniaires* que l'on rencontre dans les premiers siècles de la domination franque sont la continuation germanisée des actions pénales des Romains, elles en sont au moins les derniers vestiges. Avec les actions persécutoires de la peine disparaît toute une série d'actions qui existaient contre le défunt, et qui, n'obligeant pas l'héritier, ne faisaient pas partie du passif de la succession.

L'établissement de la saisine et la disparition des actions persécutoires de la peine n'ont qu'un rapport accessoire à la cession de droits successifs. Mais il est deux créations de l'ancienne jurisprudence française dont la relation à ce contrat est plus directe et plus immédiate : je veux parler du changement apporté aux caractères du partage et de l'établissement du retrait successoral.

Le partage, translatif de propriété d'après le droit romain, devient simplement déclaratif; chaque héritier est censé avoir succédé seul et immédiatement aux choses mises à son lot, et n'avoir jamais eu aucun droit sur les autres effets de la succession. En même temps que le partage devient déclaratif de propriété, on admet que l'on doit considérer comme partage tout acte faisant cesser l'indivision, quelle que soit la qualification que lui aient donnée les parties. Alors la cession de droits successifs devient un véritable partage toutes les fois qu'elle est faite entre cohéritiers, de manière à faire disparaître l'indivision. Il y a dès lors deux espèces de cession de droits successifs, bien distinctes, bien séparées, quoiqu'elles conservent certaines règles communes : celle qui fait cesser l'indivision et celle qui ne la fait pas cesser. A la première, on applique les règles du partage; à la seconde, celles de la vente.

Le *retrait successoral* a pour but d'écarter du partage celui qui s'est rendu cessionnaire de droits dans une succession à laquelle il était tout à fait étranger. On suspecte les intentions de ce nouveau venu; on craint qu'il n'ait acheté des droits que pour pénétrer les secrets les plus intimes de la famille du défunt, ou pour susciter aux cohéritiers du cédant des difficultés et des procès ruineux. Ces craintes ont fait passer en usage que les cohéritiers de celui qui a cédé ses droits à un étranger peuvent écarter du partage l'étranger cessionnaire, en lui remboursant le prix de la cession : c'est le droit de *retrait successoral*. « Son principal objet, dit
» Denisart, a été : 1° d'empêcher un étranger de venir péné-
» trer dans les secrets d'une famille malgré elle, et qui peu-
» vent quelquefois intéresser son honneur; 2° de prévenir
» les vexations que pourrait faire essuyer aux héritiers ce
» même étranger ([1]). »

Quelques autres changements, moins importants pour la cession de droits successifs, y ont cependant une relation directe. On doit à l'ancienne jurisprudence l'établissement du privilége du vendeur, qui, appliqué au profit du cédant de droits successifs comme au profit de tout vendeur, fut pour lui une garantie contre l'insolvabilité possible du cessionnaire.

Les créances, dont la cession n'était possible à Rome que par des voies indirectes et détournées, sont devenues directement cessibles. La fiction de la *procuratio in rem suam* et des actions utiles est disparue. On peut céder la créance et la transporter directement sur la tête du cessionnaire. La cession de droits successifs en éprouve la conséquence, et contient elle-même implicitement un transport de toutes les créances de la succession.

([1]) V° *Cession de droits successifs*, § IV.

L'établissement de ces principes nouveaux a formé le droit moderne; toutes les innovations qui viennent d'être signalées ont été admises par le Code Napoléon. Il restait encore à faire un changement que n'avait pas fait l'ancienne jurisprudence; la vente n'était pas encore devenue translative de propriété; la nécessité de la tradition existait toujours. Déjà Grotius, au nom de la philosophie; Loysel, Caillet, Cabarus, au nom de la jurisprudence, avaient critiqué cette nécessité; ils avaient soutenu que le droit de propriété était une chose purement intellectuelle, que la volonté seule devait être assez forte pour déplacer. Il était réservé au Code Napoléon d'établir ces nouveaux principes en rendant les contrats translatifs de propriété.

CHAPITRE II.

CARACTÈRES GÉNÉRAUX DE LA CESSION DE DROITS SUCCESSIFS D'APRÈS LES LOIS MODERNES — DE SA FORME ET DES CONDITIONS NÉCESSAIRES POUR SA VALIDITÉ.

Comme en droit romain et comme dans l'ancien droit français, la cession de droits successifs ne déplace pas aujourd'hui la qualité d'héritier. Le cédant conserve toujours ce titre, qui est personnel et incessible; car il ne peut pas dépendre de la volonté de celui qui est héritier de donner à un autre son rang dans la famille et son degré de parenté [1]. La cession ne porte que sur l'émolument que procure la qualité d'héritier, et sur les charges pécuniaires qu'elle entraîne [2]. Le cessionnaire prend activement et passivement la place pécuniaire du cédant; mais celui-ci reste le continuateur de la personne du défunt.

[1] Duvergier, *De la vente*, t. II, n.o 316.
[2] Troplong, *De la vente*, t. II, n.o 961.

Plusieurs moyens sont ouverts à l'héritier pour faire passer ses droits à un autre. Il peut procéder par renonciation à la succession, quand il veut les faire passer à tous ses cohéritiers indistinctement, à son seul cohéritier, s'il n'en a qu'un, ou, s'il n'en a pas, à celui qui serait héritier à son défaut. La renonciation se fait alors au greffe du Tribunal de première instance dans l'arrondissement duquel le défunt avait son domicile (¹).

Si cette renonciation est faite gratuitement, le renonçant n'est pas héritier; il devient tout à fait étranger à la succession, et le titre d'héritier passe à celui qui accepte à sa place. Mais si le renonçant reçoit le prix de sa renonciation, il fixe définitivement sur sa tête le titre d'héritier. La renonciation équivaut alors à une acceptation tacite. La loi est formelle. (Art. 780.)

Mais on ne peut procéder ainsi que quand l'héritier veut céder ses droits à tous ses cohéritiers, s'il en a, ou à tous ceux qui se trouvent appelés à la succession après lui. Il ne peut pas faire de distinction. Quand il se retire ainsi, c'est la loi qui désigne elle-même ceux qui doivent prendre ses droits; aussi n'est-ce là qu'une manière tout exceptionnelle de céder ses droits successifs; ce n'est pas l'acte qu'on désigne sous le nom de *cession de droits successifs.*

La véritable cession de droits successifs se fait par un contrat entre le cédant et le cessionnaire. Pour la forme, ce contrat varie suivant que la cession est gratuite ou à titre onéreux.

Quand le cédant veut faire de ses droits successifs l'objet d'une libéralité, il peut le faire par la voie d'une donation; l'acte doit avoir alors la forme authentique, et être reçu par deux notaires ou un notaire assisté de deux témoins,

---

(¹) Art. 784 et 110, Code Nap.

tous réellement présents à l'acte (¹). Je me borne à signaler
ce point, sans y insister davantage, la cession à titre gratuit
ne faisant point partie de ce travail.

Quand la cession de droits successifs se fait à titre onéreux, aucune forme ne lui est strictement imposée. Ce n'est
plus un contrat solennel; comme presque tous les contrats,
elle résulte du simple consentement des parties, et elle est
parfaite dès que le cédant et le cessionnaire sont d'accord.
Il n'est pas indispensable que l'on en dresse un acte écrit; la
cession est valable sans cette formalité. Mais, réduite à une
convention purement verbale, il serait difficile, impossible
souvent de prouver son existence, encore plus de la faire
exécuter; on serait arrêté par la moindre difficulté.

Il est donc indispensable, sinon pour la validité de la cession, du moins pour son utilité, qu'on la monumente dans
un acte écrit. Quant à la forme de l'acte, on se trouve dans
le droit commun : on peut employer indifféremment la forme
authentique ou la forme privée, indifféremment du moins
pour la validité de la cession; car pour la facilité de l'exécution, l'acte authentique présente des avantages qui ne s'atta-
chent jamais aux actes sous signature privée : l'avantage d'ê-
tre dispensé de la vérification d'écriture et de faire foi jusqu'à inscription de faux, celui de pouvoir être revêtu de la
forme exécutoire sans la nécessité d'un jugement,... tels
sont les avantages, qui, pour des actes aussi importants que
des cessions de droits successifs, doivent donner la préférence à la forme authentique. Alors l'acte doit être reçu par
un notaire dans la forme ordinaire des actes notariés.

La cession de droits successifs a conservé les caractères
généraux qu'elle avait sous l'empire des législations antérieures. C'est toujours ce contrat moitié commutatif, moi-

(¹) Loi du 21 juin 1843, art. 2.

tié aléatoire, que nous a transmis le droit romain : commutatif, en ce que chacune des parties donne une chose et en reçoit une autre à la place; aléatoire, en ce qu'on ne sait pas toujours au moment de la cession ce que comprendra la succession cédée. L'objet du contrat est toujours une hérédité entière ou partielle, considérée comme un droit indépendant des choses qui la composent. Jusque-là, rien n'est changé.

Mais j'ai déjà signalé un changement notable, dû à l'ancienne jurisprudence française et que notre droit a pleinement conservé; la cession de droits successifs est devenue de deux espèces : elle est assimilée tantôt à une vente, tantôt à un partage. L'héritier peut céder ses droits successifs à un étranger ou à un de ses cohéritiers. Quand la cession est faite à un étranger, elle a toujours les caractères d'une vente (¹). Si elle est faite à un cohéritier du cédant, elle ne produit les effets d'une vente que quand elle ne fait pas cesser l'indivision; quand elle la fait cesser, et cela a lieu toutes les fois qu'après la cession tous les droits héréditaires reposent sur la tête d'un seul héritier, elle équivaut à un partage et en produit tous les effets.

Quels que soient, du reste, les caractères qu'elle affecte, qu'elle soit vente ou partage, la cession de droits successifs ne peut être valable que si elle porte sur une succession qui existe. On ne peut céder ni une succession qui n'est pas ouverte, ni le moindre droit dans cette succession. Les pactes sur succession future sont prohibés comme ils l'étaient autrefois. Le caractère odieux qu'ils avaient aux yeux de Denisart ne les a pas abandonnés, et le Code Napoléon prohibe expressément la vente de la succession d'une personne vivante, fût-elle faite même du consentement de celle-ci (art. 1600) (²).

(¹) Ou d'un échange, qui est également translatif de propriété.
²) V. art. 791 et 1130.

Il y a plus : il ne suffit pas aujourd'hui qu'une succession soit ouverte pour que la cession en soit valable; il faut encore qu'elle soit dévolue à celui qui la cède, soit que la cession prenne les caractères d'un partage, soit qu'elle conserve ceux d'une vente. En effet, depuis que la vente est devenue translative de propriété, on a dû déclarer nulle la vente de la chose d'autrui (art. 1599), et la vente d'une succession qui n'appartient par au cédant n'est pas autre chose. Quand la cession emprunte les caractères du partage, le cédant est alors un étranger qui est venu prendre part au partage d'une succession à laquelle il n'avait aucun droit; l'attribution qui lui a été faite est nulle, et il doit restituer ce qu'il a indûment reçu.

CHAPITRE III.

DES EFFETS DE LA CESSION FAITE A UN ÉTRANGER.

Quand un héritier cède ses droits successifs à un étranger, c'est-à-dire à quelqu'un qui n'a aucun droit à la succession, la cession a toujours les caractères d'une vente. Nous allons donc examiner les effets d'une véritable vente, mais d'une vente dont le caractère indéterminé, et même aléatoire jusqu'à un certain point, a nécessité des règles spéciales.

SECTION I.

Des effets de la cession entre les parties : — Obligations du cédant; Obligations du cessionnaire.

I

Pothier résumait ainsi les effets de la vente de droits successifs : « Lorsque je vends mes droits successifs en la suc-

» cession de quelqu'un, je vends tout l'émolument que j'ai
» retiré de cette succession et tout celui que je pourrai en
» retirer, en un mot tout l'actif, à la charge par l'acheteur
» de me décharger de toutes les dettes et charges de la suc-
» cession, et de m'en indemniser ([1]). »

La vente n'avait alors pour objet que de faire naître entre
les parties des obligations réciproques ; les contrats ne pouvaient produire d'autres effets. La première obligation de
l'héritier qui cédait ses droits successifs était donc de transférer au cessionnaire la propriété de toutes les choses qui se
trouvaient dans la succession au moment de la vente, et cette
translation se faisait par la tradition ([2]).

Aujourd'hui, ce résultat est obtenu de plein droit. Les contrats ne se bornent plus à créer des obligations; ils suffisent
pour transférer la propriété (C. Nap., art. 711 et 1138).

Il en résulte qu'au moment même où l'héritier cède ses
droits successifs, le cessionnaire devient instantanément
propriétaire de tout ce que comprend la succession, ou du
moins de la partie de la succession qui appartenait au cédant.
Ce n'est point seulement la propriété des choses corporelles
qui est transmise ainsi au cessionnaire; la cession le rend
aussi instantanément propriétaire des choses incorporelles,
telles que les créances. « Entre les parties, dit M. Troplong,
» le transport d'une créance est parfait, comme toutes les
» ventes par le consentement réciproque, sur la chose et sur
» le prix ([3]). »

Ainsi, ce qui, à Rome et dans l'ancien droit français, figurait au premier rang parmi les obligations du cédant, est
maintenant, et de plein droit, la conséquence naturelle de la
cession. L'héritier ne s'engage plus aujourd'hui à transférer

_____

([1]) *Traité du contrat de vente*, n.º 529.
([2]) Pothier, *Vente*, n° 530.
([3]) *De la vente*, t. II, n° 880.

au cessionnaire la propriété des choses héréditaires; celui-ci en est propriétaire de plein droit dès que la cession a eu lieu. Mais, outre cela, la cession fait encore naître des obligations; il y en a encore de réciproques entre le cédant et le cessionnaire. Commençons par celles du cédant.

II

Celui qui cède des droits successifs a, comme tout vendeur, deux obligations à remplir : 1° délivrer les choses vendues; 2° les garantir (C. Nap., art. 1603). Parlons d'abord de la délivrance et des règles particulières qui la régissent, quand elle est la conséquence de cette vente spéciale appelée *cession de droits successifs*.

. Au moment même de la cession, le cessionnaire est devenu propriétaire de toutes les choses qui se trouvaient alors dans l'hérédité; mais il ne pourra pas en jouir tant qu'elles ne lui auront pas été livrées. La délivrance a pour but de les mettre en sa puissance et possession (C. Nap. art. 1604) [1].

Ce ne sont point seulement les choses comprises dans la succession, à l'époque de son ouverture, que le cédant doit livrer au cessionnaire; ce sont aussi celles qui s'y sont réunies avant la vente ou même à une époque postérieure. Il doit également la restitution des fruits qu'il a perçus, le remboursement des sommes qu'il a reçues; tout, en un mot, ce qui lui est provenu de la succession (C. Nap., art. 1607).

Ainsi, a-t-il, avant de céder ses droits successifs, vendu des choses particulières de l'hérédité : les droits que cette vente a conférés à l'acheteur sont sans doute respectés, mais le cessionnaire a droit à la restitution du prix reçu par l'héritier; et il aurait le même droit lors même que les choses

---

[1] La forme de la délivrance est réglée par les art. 1605, 1606 et 1607 du Code Nap., qui font des distinctions suivant la nature des objets à délivrer.

vendues auraient péri fortuitement entre les mains du tiers acquéreur, car le cédant doit tout ce qu'il a retiré de la succession : son titre d'héritier ne doit rien lui produire ([1]).

L'héritier doit même tenir compte au cessionnaire de la valeur des choses qu'il a consommées pour son usage avant la vente, car c'est encore un profit qu'il a retiré de la succession ([2]).

Quelques difficultés se sont élevées relativement aux choses dont l'héritier a disposé à titre gratuit avant la cession. Il ne s'est pas enrichi de la valeur de ces choses; aussi, M. Duvergier pense-t-il que l'équité doit conduire à le dispenser d'en tenir compte au cédant. « Il me semble, dit-il, » qu'entre le cas où l'héritier a aliéné à titre onéreux, où il » a consommé pour son usage des objets dépendant de la succession, et celui où il en a disposé à titre purement gratuit, il y a une différence qu'on n'a pas appréciée. Si l'héritier a vendu ou consommé, le prix existe dans ses » mains réellement, ou du moins en ce qu'il a économisé » sur ses biens personnels précisément ce qu'il a absorbé » sur les biens de la succession; alors, on entend que l'équité prescrive de rendre, au lieu des choses vendues ou » absorbées, leur valeur. Mais si l'héritier a donné, la chose » n'est plus dans la succession, et rien ne l'y remplace; on » ne la retrouve point sous une autre forme; elle n'est pas » même fictivement représentée par l'économie faite sur le » patrimoine personnel du vendeur ([3]). »

Malgré ces raisons, je pense que l'héritier doit au cessionnaire la valeur des choses qu'il a données. On ne peut pas dire absolument qu'il n'en a pas profité; car il s'en est servi pour faire des libéralités qu'il aurait probablement fai-

---

([1]) Pothier, *Vente*, n.ºˢ 631 et 632.
([2]) Pothier, *Vente*, n.º 631, — Duvergier, *Vente*, t. II, n° 323.
([3]) *De la vente*, t. II, n° 321.

tes sur ses biens personnels. Il est vrai que c'est là une simple probabilité; il est possible que l'héritier n'eût pas fait la donation s'il n'avait pas vu son patrimoine grossi des biens de la succession : on se montre d'autant plus libéral qu'on est plus riche; mais il est possible aussi qu'il eût donné sans cela; et entre ces deux probabilités contraires, que décider? Il faut présumer que, puisque l'héritier a cédé la succession purement et simplement, il a entendu la céder complétement, absolument, et s'engager à livrer tout ce qu'il en a retiré pour en disposer même gratuitement.

Telle est la solution qui a toujours été suivie. Elle était écrite dans la loi 2, § 3, D. *De hereditate vendita :* « Rerum » ante venditionem donatarum pretia præstari æquitatis » ratio exigit. » Elle était enseignée par Pothier, au nº 534 de son *Traité du contrat de vente.* Elle doit être suivie encore aujourd'hui. Si l'héritier n'entend pas tenir compte des choses qu'il a données, il faut qu'il les excepte formellement de la cession; à défaut de cette réserve expresse, il s'en constitue débiteur ([1]).

Le cédant doit livrer les choses héréditaires dans l'état où elles se trouvent au moment de la cession. Si leur valeur a augmenté depuis l'ouverture de la succession, le cessionnaire en profitera; s'il y a eu des pertes et des dégradations, il devra les supporter; il a dû les prendre en considération et payer la succession moins cher.

L'héritier ne serait même pas responsable des pertes et des dégradations arrivées par sa faute. Avant la cession, il était seigneur et maître de l'hérédité et des choses qu'elle comprenait; il n'était pour lors obligé à aucun soin; il avait le droit d'user et d'abuser. Ainsi, a-t-il dégradé ou détérioré, ou même laissé complétement périr des meubles ou des im-

---

([1]) V. en ce sens, Duranton, t. XVI, nº 522. — Troplong, *De la vente*, t. II, nº 967.

meubles, laissé prescrire des créances, il ne doit à ce sujet
aucune indemnité au cessionnaire, qui, ayant acheté une
succession moins avantageuse, a dû en donner un prix moins
élevé ([1]).

Mais si la faute de l'héritier allait jusqu'au dol, n'en serait-il
pas responsable? Plusieurs jurisconsultes font à cette question
une réponse affirmative qu'ils fondent sur différents textes
du droit romain ([2]). Comme eux, je rendrais l'héritier responsable de son dol, s'il m'était démontré qu'un dol fût possible avant la cession. Les lois romaines que l'on cite indi-
quent comme actes constitutifs du dol tous les moyens
employés par l'héritier pour empêcher certains objets d'advenir à l'hérédité. Mais, si l'héritier, avant d'avoir aliéné l'hérédité, s'efforce ainsi d'en diminuer la valeur, en l'empêchant
de se grossir des choses qui pouvaient lui advenir, il ne com-
met pas un dol; il ne cause de préjudice qu'à lui-même, en
diminuant une hérédité qui lui appartient; il s'expose à la
vendre moins cher, car celui qui voudra l'acheter en exami-
nera la consistance. Les lois romaines invoquées contre cette
solution ne font allusion qu'à des faits postérieurs à la cession
au moyen desquels l'héritier, toujours maître alors des actions héréditaires, pouvait facilement diminuer, au préjudice du cessionnaire, la valeur de la succession cédée.
Mais un dol commis par l'héritier avant la cession est une
chose qui me semble impossible : « Il y aurait, dit M. Duver-
» gier, folie et non dol de la part de celui qui, n'ayant point
» encore aliéné l'hérédité, s'efforcerait d'en diminuer la va-
» leur. »

A la vérité, quelques auteurs ([3]) n'admettent la possibilité

([1]) Troplong, *Vente*, t. II, nos 961 et 965. — Duvergier, *Vente*, t. II,
n° 325.

. ([2]) L. 2, § 5, D. *De hered. vend.*

([3]) Delvincourt, t. III, p. 80, note 3. — Dalloz, rép. v° *Vente*, n° 1037.

du dol que dans le cas où l'héritier, ayant déjà l'intention de céder la succession, aurait employé des manœuvres frauduleuses pour en diminuer la valeur, sans que l'acquéreur pût s'en apercevoir avant la cession. J'admets très-bien, dans cette hypothèse, la responsabilité du cédant; mais alors, dit judicieusement M. Duvergier, « le dol ne consisterait pas à » avoir diminué la valeur des choses héréditaires, ou à les » avoir fait périr; il résiderait dans le fait d'avoir trompé » l'acquéreur sur la valeur ou sur l'existence des objets com- » posant la succession (1). »

Il peut arriver que l'héritier, étant débiteur du défunt, se soit trouvé libéré par la confusion résultant de l'acceptation de l'hérédité. Sa dette se trouvant ainsi éteinte, il a tiré de la succession une augmentation de richesse; il doit en tenir compte et payer au cessionnaire le montant de ce qu'il devait au défunt.

De même, si, par l'acceptation de la succession, il a été dégrevé de quelques charges, il doit les rétablir; par exemple si un fonds lui appartenant était grevé d'une servitude au profit d'un fonds appartenant au défunt, il devra rétablir au profit du cessionnaire cette servitude qui s'était éteinte par la réunion dans une seule main du fonds dominant et du fonds servant.

L'héritier doit livrer à l'acheteur tout ce que son administration a produit, tous les droits qu'il a acquis en qualité d'héritier. Ainsi, a-t-il obtenu d'un débiteur de la succession une hypothèque, un gage, un cautionnement, ces garanties profitent au cessionnaire comme la créance dont elles sont l'accessoire (2).

Quoique, en principe, il soit tenu de livrer au cessionnaire

(1) V. en ce sens Duvergier, Vente, t. II, nos 320 et 337; — en sens contraire, Troplong, Vente, t. II, no 908.

(2) Duvergier, Vente, t. II, 1.o 335.

de ses droits successifs tout ce qui est provenu de la succession, l'héritier peut cependant se réserver certains objets qui
échapperont ainsi à la cession. L'art. 1697 du Code Napoléon le permet expressément pour les fruits consommés; mais
c'est une règle qui doit être étendue, et rien n'empêche de
réserver des objets, soit matériels, soit incorporels, existant
dans la succession au moment de la cession. Alors, si la chose
réservée produit des fruits, ceux qui sont échus depuis la
cession appartiennent à l'héritier; mais ceux qui étaient échus
antérieurement ne lui appartiennent pas, s'il ne s'en est fait
expressément la réserve ([1]).

Il y a même des réserves tacites. « Il est, dit M. Duver-
» gier ([2]), certains objets que l'on doit présumer n'avoir pas
» été compris dans la vente : ce sont les choses qui, presque
» sans valeur intrinsèque, ont cependant du prix pour l'hé-
» ritier. Tels sont les papiers, les portraits et les armoiries
» de famille, les lettres de noblesse, peut-être même les dé-
» corations et les armes d'honneur. »

« Les armes d'honneur, dit un avis du Conseil d'État du 5
» brumaire an XIII, toujours méritées par des actions écla-
» tantes, et l'épée des officiers décédés après avoir bien servi
» leur pays, sont une propriété sacrée et la portion la plus
» précieuse de leur héritage; l'aspect de ces armes peut ins-
» pirer aux descendants de ceux qui les ont obtenues ou por-
» tées le désir de suivre leur glorieux exemple. »

Des objets de cette nature doivent être présumés réservés
tacitement dans une cession de droits successifs. Le cessionnaire n'a eu en vue que l'émolument utile de la succession, et on peut supposer qu'il n'a pas entendu acheter des
objets d'une valeur vénale très-faible, presque nulle quelque-

---

([1]) Troplong, *Vente*, t. II, n° 675. — Duvergier, *Vente*, t. II, n°s 330 et 337.
— Contra, Duquel, sur Pothier, *Vente*, n° 530.

([2]) N° 338.

fois, qui sont cependant précieux pour une famille à laquelle ils rappellent des souvenirs chers et honorables.

III

La seconde obligation de l'héritier qui cède ses droits successifs est la garantie. Tout vendeur doit une garantie. Il ne lui suffit pas de livrer des objets à l'acheteur ; il faut encore qu'il l'indemnise des évictions qui peuvent avoir lieu.

La garantie qui résulte de la cession de droits successifs diffère beaucoup de celle qui résulte des ventes ordinaires. L'héritier qui cède ses droits dans une succession ne vend pas des objets déterminés ; il vend une universalité et tous les avantages pécuniaires qui peuvent en résulter, sans spécifier quels ils devront être. Cette universalité, c'est l'hérédité. Aussi le cédant doit-il garantir seulement sa qualité d'héritier (C. Nap. art. 1696).

Cette garantie suppose d'abord l'ouverture de la succession vendue. On ne peut pas vendre l'expectative de succéder à une personne vivante ; on a déjà vu que le Code Napoléon prohibait les pactes sur succession future (¹).

Il ne suffit même pas que la succession existe ; il faut qu'elle appartienne au cédant, sinon la cession est nulle (art. 1599) ; la vente de la chose d'autrui a cessé d'être valable, depuis que les contrats sont devenus translatifs de propriété. Quand la succession cédée n'appartient pas à celui qui la cède, le cessionnaire est exposé à être évincé par le véritable héritier. Après l'éviction, il a indubitablement un recours en garantie contre le cédant ; mais il n'est pas obligé d'attendre, pour se plaindre, que le véritable héritier soit venu l'évincer. La cession étant nulle *ab initio,* il peut, dès

_____

(¹) Art. 791, 1130 et 1600.

qu'il a connaissance de cette nullité, demander la restitution du prix, s'il l'a payé; il a même droit à des dommages
et intérêts, s'il a, au moment de la cession, ignoré qu'elle
fût dévolue à un autre qu'à celui qui la lui vendait.

Quand la succession cédée est ouverte et appartient au cédant, l'obligation de celui-ci est accomplie relativement à la
garantie. Quels que soient le nombre, la nature et la valeur
des objets qui composent la succession, peu importe; c'est la
succession elle-même qui a été vendue avec l'éventualité des
avantages qu'elle pourrait procurer; le cédant n'a pas entendu transférer au cessionnaire autre chose que les droits
pécuniaires, tels qu'il les aurait exercés lui-même.

Ainsi, soit que la succession produise un émolument moindre que celui sur lequel le cessionnaire avait compté, soit
qu'il y ait éviction d'une ou plusieurs choses particulières
qui en faisaient partie, soit que la succession se réduise à
rien, ou même que le passif excède l'actif, le cédant n'est
soumis à aucun recours.

Bien que l'art. 1696 déclare celui qui vend une hérédité
garant seulement de sa qualité d'héritier, il faut ajouter toutefois à cela une autre garantie qui lui incombe de plein
droit : c'est la garantie de ses faits personnels. Tout vendeur
contracte l'engagement implicite, sinon dans tous les cas
d'agir pour conserver la chose en la puissance et possession
de l'acheteur, au moins de ne rien faire personnellement qui
la lui enlève. Ainsi, dit Bourjon, « celui qui a cédé ses droits
» successifs, est garant qu'il n'a pas fait antérieurement une
» pareille cession; elle serait son fait (¹). »

La garantie, en matière de vente de droits successifs, produit les effets qui sont déterminés par l'art. 1630, C. Nap.,
pour la garantie dans les ventes en général. Le cessionnaire

(¹) *Droit commun de la France,* liv. III, tit. III, sect. IV, n° 37.

a le droit de réclamer, en cas d'éviction, la restitution du prix, celle des fruits lorsqu'il est obligé de les rendre à l'héritier qui l'évince, les frais et loyaux coûts du contrat, ceux de la demande en garantie et ceux faits par le demandeur originaire, et enfin les dommages et intérêts, s'il y a lieu.

Plusieurs auteurs ont voulu, pour la quotité de la garantie, faire admettre la distinction que faisaient les lois romaines, entre le cas où l'hérédité vendue n'existe pas, et celui où elle existe, mais n'appartient pas au cédant (¹). D'après eux, le cessionnaire évincé aurait le droit de réclamer la restitution du prix, dans le cas seulement où l'hérédité n'existerait pas; mais si l'hérédité existait sans appartenir au cédant, ce serait la valeur de celle-ci que le cessionnaire pourrait réclamer, valeur qui pourrait être plus forte ou plus faible que le prix de la cession.

Cette distinction, toute particulière aux idées romaines sur le contrat de vente, ne me paraît pas admissible dans notre droit, en présence de l'art. 1630, qui fixe d'une manière générale la quotité de la garantie. Tout a été changé sur ce point. A Rome, la valeur de la chose était la restitution normale due par le vendeur à l'acheteur évincé. Si, quand une hérédité sans existence était vendue, c'était le prix qui devait être restitué, la raison en est facile à saisir : il n'était pas possible d'évaluer ce qui n'existait pas. Dans ce dernier cas, la vente était nulle, tandis que dans les autres elle était valable. Chez nous, au contraire, que l'hérédité n'existe pas ou qu'elle n'appartienne pas au vendeur, la conséquence est la même : la vente est toujours nulle; la restitution normale due par le vendeur n'est pas la valeur de la chose, c'est le prix payé par l'acheteur. Il n'y a donc pas de

_____

(¹) V. l. 8, D. *De hered. vend.*

distinctions à faire à raison de la cause de la nullité ([1]).

La garantie due par celui qui cède des droits successifs se réduit ordinairement à ces deux points : 1° garantie de sa qualité d'héritier; 2° garantie de ses faits personnels.

Mais elle peut être étendue ou restreinte par les conventions des parties.

Ainsi la garantie est étendue quand, en vendant l'hérédité, on spécifie en détail les objets qui la composent. Ce n'est plus alors l'hérédité qui est cédée avec l'éventualité et l'incertitude de ses profits, ce sont des objets particuliers déterminés et détaillés. La garantie du cédant n'est plus limitée à sa qualité d'héritier et à ses faits personnels; elle s'étend à chaque objet détaillé, et si un seul de ces objets est enlevé au cessionnaire, celui-ci a un recours en garantie pour cette éviction partielle.

De même il y aura extension de la garantie si l'héritier s'explique formellement sur la valeur et la consistance de l'hérédité qu'il cède. Il est alors obligé de pourvoir à ce que la succession ait la valeur qu'il a affirmée, et il est responsable de tout ce qui manquera.

La garantie, au contraire, serait restreinte, si le cédant vendait, non pas l'hérédité de telle personne décédée, mais ses prétentions à cette hérédité, pour que le cessionnaire les exerçât à ses périls et risques : le caractère aléatoire et incertain de l'objet vendu serait alors augmenté; si le cessionnaire ne réussissait pas à obtenir l'hérédité, il n'aurait pas de recours contre le cédant ([2]).

Toutefois, s'il y avait dol de la part de ce dernier, ce qui arriverait s'il avait vendu ses prétentions à une hérédité, sa-

([1]) V. en ce sens, Duvergier, Vente, t. II, nos 313 et 314; — en sens contraire : Duranton, t. XVI, no 518; — Troplong, Vente, t. II, no 956; — Merlin, quest. v°, Héritier.

([2]) Troplong, Vente, t. II, no 957. — Duvergier, Vente, t. II, no 311.

chant que celle hérédité ne lui appartenait pas, il devrait restituer le prix et serait même passible de dommages et intérêts; car, quoique en vendant ses prétentions à une succession, il ne soitpas garant de sa qualité d'héritier, il l'est au moins de ses faits personnels.

Une restriction d'une autre nature peut être apportée à la garantie. Le cédant, tout en vendant l'hérédité elle-même, peut stipuler qu'il entend vendre *sans garantie.* Alors, il ne reste pas moins garant de sa qualité d'héritier, et si le cessionnaire est évincé de l'hérédité, il devra lui restituer le prix (art. 1629); la stipulation de *non garantie,* faite ainsi sans autre explication, le déchargera seulement des dommages et intérêts et des autres restitutions accessoires énumérées dans l'art. 1630.

Mais si on va plus loin; si, outre la stipulation de non garantie, on établit au contrat que le cessionnaire achète *à ses périls et risques,* la cession reprend alors le caractère aléatoire et incertain qu'elle a quand le cédant déclare vendre simplement ses prétentions à telle hérédité, et la garantie se borne à celle des faits personnels du cédant.

Il en est de même si le contrat porte que le cédant vend sans garantie *ni restitution de deniers* ([1]). Le cessionnaire est considéré comme ayant acheté à ses périls et risques, puisqu'il s'est interdit le droit de demander la seule restitution qui lui soit accordée par l'art. 1629, dans le cas où il y a une stipulation simple de non garantie. C'est comme s'il n'avait acheté que des prétentions incertaines à une hérédité : le cédant n'est tenu que de ses faits personnels.

([1]) Loyseau, *Garantie des rentes,* chap. 1, n° 18.

IV

J'arrive aux obligations du cessionnaire.

Au premier rang figure celle de payer le prix de la cession : c'est l'exécution directe des engagements qu'il a expressément contractés.

Le cessionnaire doit, en outre, payer toutes les dettes de la succession, accomplir toutes les obligations contractées par le défunt. Il doit prendre la place pécuniaire du cédant et supporter, comme celui-ci l'aurait fait s'il n'avait pas cédé ses droits, toutes les charges qui pèsent sur l'hérédité.

Si quelques-unes de ces charges ont occasionné des déboursés à l'héritier avant la cession, le cessionnaire lui en doit compte; il est tenu de l'indemniser de tout ce qu'il a dépensé pour la succession (art. 1698).

Ainsi, il doit rembourser à l'héritier les frais funéraires, les droits de mutations, les impôts que celui-ci a payés à l'occasion de l'hérédité; il lui doit aussi le remboursement des sommes qu'il a payées aux légataires ou aux créanciers du défunt.

Si la confusion résultant de l'acceptation de la succession a éteint quelques droits de l'héritier, la confusion cesse par la vente, et l'acheteur, dit élégamment M. Troplong (¹), est obligé de rendre au cédant ces mêmes droits intacts et ravivés. De même que l'héritier, qui, par l'effet de la confusion, a été libéré de ses dettes personnelles envers le défunt, doit rendre au cessionnaire le montant de ces dettes, de même si la confusion a éteint une dette dont le défunt était tenu envers l'héritier, le cessionnaire lui en doit le remboursement (art. 1698). De même si une servitude due par le fonds

(¹) Vente, t. II, n° 977.

du défunt à celui de l'héritier a disparu par la réunion des deux fonds entre les mains de ce dernier, la cession fera cesser cette extinction, et la servitude reprendra son existence (¹).

Il faut, en résumé, qu'une réciprocité parfaite préside aux relations du cédant et du cessionnaire : le premier ne doit rien retirer de la succession qu'il a vendue; le second, qui n'a acheté que la succession, ne doit pas s'enrichir du patrimoine personnel de l'héritier.

Rien ne s'oppose, toutefois, à ce que le cessionnaire soit, par l'effet de la convention, dispensé de quelques-unes des charges qui lui incombent. Nous avons vu que l'héritier pouvait, en cédant ses droits successifs, se réserver certains objets de la succession; de même on peut établir au contrat que le cessionnaire ne serait obligé de payer les dettes et de supporter les charges de l'hérédité que dans certaines limites. Il a même été décidé que cela pouvait s'induire par voie d'interprétation du contrat, quoiqu'il ne contînt pas une restriction expresse, lorsque cette restriction paraissait avoir été dans la commune intention des parties contractantes (²).

SECTION II.

Effets de la cession à l'égard des tiers. — Transcription. — Notification.

I.

Les obligations respectives qui naissent de la cession sont limitées aux relations des parties entre elles. A l'égard des tiers, c'est une *res inter alios acta,* qui ne peut pas leur être opposée, car les conventions n'ont d'effet qu'entre les parties contractantes (art. 1165). Telle est au moins la règle générale.

(¹) Du reste, la confusion ne disparaît qu'entre les parties; à l'égard des tiers, la cession est une *res inter alios acta,* qui ne peut pas détruire, par rapport à eux, les effets de la confusion accomplie.

(²) C. Cass., 14 février 1854. (Dalloz, 54, 1, 54.)

Cependant, si les tiers ne sont pas liés directement par la cession à laquelle ils n'ont pas pris part, ils peuvent, dans plusieurs cas, en ressentir certaines conséquences. Je montrerai ces effets à l'égard des créanciers avec lesquels le cédant peut avoir fait des contrats relatifs aux biens de la succession, à l'égard des créanciers personnels du cédant, à l'égard de ses cohéritiers, et enfin à l'égard des créanciers personnels du cessionnaire.

II

La cession de droits successifs ne peut pas rendre plus mauvaise la position des créanciers de la succession. En devenant héritier, le cédant est devenu leur débiteur; il ne peut pas lui appartenir de leur donner malgré eux un débiteur nouveau. Il reste donc exposé à leurs poursuites, sans pouvoir leur opposer que les conventions qu'il a faites avec le cessionnaire, obligent celui-ci à payer les dettes héréditaires. Quand il aura payé, il aura seulement un recours contre ce dernier.

Mais les créanciers de la succession, auxquels la cession ne peut pas être opposée, pourraient-ils s'en prévaloir pour exercer directement leurs poursuites contre le cessionnaire? En droit romain, la négative était incontestable; mais on tomberait dans l'erreur, si on prétendait faire appliquer aujourd'hui la même règle. Les créanciers de la succession sont libres d'agir directement contre le cessionnaire. Celui-ci n'est pas, à la vérité, devenu leur débiteur direct; mais il est le débiteur du cédant, dont ils sont créanciers; ils peuvent agir contre lui en exerçant les droits de leur débiteur (art. 1166).

Quant aux débiteurs de la succession, il n'est pas douteux que le cessionnaire puisse agir directement contre eux, en vertu de la cession. Ce contrat contient un mandat virtuel pour les poursuivre (1).

Mais le cédant, toujours héritier et par suite toujours créancier, pourra aussi agir contre les débiteurs, et les paiements qu'ils lui feront les libèreront valablement. Munis de ses quittances, ces derniers se défendront victorieusement contre les poursuites du cessionnaire, qui n'aura qu'un recours contre le cédant pour se faire restituer les sommes reçues par celui-ci.

La loi ouvre cependant au cessionnaire un moyen d'empêcher les débiteurs de la succession de payer à l'héritier. Quand l'hérédité comprend des créances, la cession de droits successifs contient implicitement un transport de toutes ces créances, auquel on doit appliquer les règles établies pour les transports de créances spéciales (art. 1689, 1690 et 1691, C. Nap.)

Le cessionnaire sera donc saisi de la propriété des créances héréditaires à l'égard des tiers, et notamment à l'égard des débiteurs de ces créances, par la notification qu'il leur fera faire de la cession ou par l'acceptation qu'ils en feront dans un acte authentique (art. 1690). Après cette notification ou cette acceptation, les débiteurs ne pourront plus prétexter d'ignorance; le cessionnaire sera désormais leur créancier : c'est à lui seulement qu'ils pourront payer valablement. Le paiement qu'ils feraient à l'héritier ne les libèrerait plus; ils n'en resteraient pas moins débiteurs du cessionnaire, sauf à eux à exercer contre l'héritier un recours pour obtenir la restitution de ce qu'ils lui auraient indûment payé.

Ainsi, la cession de droits successifs, étrangère d'abord aux débiteurs de la succession, leur devient opposable quand ils l'ont acceptée ou qu'elle leur a été notifiée.

Elle ne peut pas préjudicier aux tiers qui se sont trouvés, au moment de l'acceptation de la succession, libérés de

(1) Treplong, *Vente*, t. II, n° 081.

leurs obligations vis-à-vis du défunt. Ainsi, l'héritier pouvait être personnellement débiteur du défunt, des tiers pouvaient s'être engagés avec lui en qualité de caution. La réunion sur sa tête de la qualité de débiteur principal et de celle de créancier a éteint complétement l'obligation; le cautionnement n'a pu survivre à l'obligation principale (art. 1301). On se rappelle que, par l'effet de la cession de droits successifs, l'héritier se trouve obligé de payer au cessionnaire la dette dont il avait été libéré par la confusion; la dette renaît contre lui, mais contre lui seulement. La convention qu'il fait avec le cessionnaire ne peut pas rétablir un cautionnement éteint, sans que la caution vienne prendre un engagement nouveau (¹).

III

Après avoir parlé des créanciers et des débiteurs qui tiennent leurs droits du défunt, on arrive naturellement aux tiers qui tiennent leurs droits de l'héritier lui-même.

L'héritier qui a cédé ses droits successifs, est démuni de la propriété des biens héréditaires. Il peut arriver cependant qu'il se permette encore d'en disposer. Le cessionnaire sera-t-il obligé de respecter ces dispositions?

Il faut faire des distinctions. La cession de droits successifs, contenant au profit du cessionnaire transmission de la propriété de tous les biens héréditaires, peut se subdiviser en trois parties; elle contient : 1° translation de la propriété des immeubles; 2° translation de la propriété des meubles corporels; 3° et transport des créances. Des règles différentes sont établies pour chacune de ces trois catégories de biens. Commençons par les meubles.

_____

(¹) Delvincourt, t. III, p. 80, note 3. — Duvergier, Vente, t. II, n° 340.

Si l'héritier vend des objets mobiliers corporels, alors que, par l'effet de la cession, il a cessé d'en être propriétaire, cette simple vente ne pourra encore causer aucun préjudice au cessionnaire; car celui-ci, est devenu propriétaire de tous les meubles de la succession, et la vente que l'héritier en fait après la cession est nulle comme vente de la chose d'autrui. Mais si l'héritier va plus loin, et s'il livre à l'acheteur les meubles qu'il lui a vendus, le cessionnaire ne pourra pas les revendiquer; l'acheteur en demeurera propriétaire, non parce que la vente que l'héritier lui en a faite était valable, mais parce qu'il possède, et qu'en fait de meub'es, la possession vaut titre (C. Nap., art. 2279). De deux acquéreurs d'une même chose mobilière, celui des deux qui en a été mis en possession réelle est préféré et en demeure propriétaire, encore que son titre soit postérieur en date, pourvu toutefois que sa possession soit de bonne foi (art. 1141). Le cessionnaire des droits successifs n'a donc, pour parer à ce danger, qu'à se faire mettre lui-même en possession des meubles de la succession.

Les immeubles sont régis par des principes différents. Avant la loi du 23 mars 1855 sur la *transcription hypothécaire,* la vente d'immeubles consentie par l'héritier après la cession de ses droits successifs n'eût transféré aucun droit à l'acheteur; elle eût été nulle comme vente de la chose d'autrui, et le cessionnaire eût pu, dans tous les cas, opposer à l'acheteur l'autorité de la cession; car la propriété se transférait alors par l'effet des contrats à l'égard des tiers comme entre les parties. Cette transmission par l'effet des contrats n'a plus lieu aujourd'hui qu'entre les parties; l'aliénation ne peut être opposée aux tiers qu'après la transcription de l'acte translatif de propriété immobilière au bureau des hypothèques de la situation des biens. C'est ce qui résulte des art. 1er et 3 de la loi du 23 mars 1855.

Le cessionnaire de droits successifs, pour pouvoir opposer aux tiers ses droits sur les immeubles de la succession, doit donc aujourd'hui faire transcrire son contrat de cession au bureau des hypothèques dans le ressort duquel ces immeubles sont situés. Si l'hérédité comprend des immeubles situés dans différents arrondissements, la cession devra être transcrite au bureau des hypothèques de chaque arrondissement, sinon elle serait opposable seulement à ceux qui acquerraient des droits sur les immeubles situés dans les arrondissements où la transcription aurait été faite. Il n'est pas, du reste, indispensable que la cession soit transcrite avant l'acquisition de ces droits; il suffit qu'elle le soit avant que les acquéreurs aient eux-mêmes rendu leurs droits opposables aux tiers par la transcription de leurs propres titres. Entre le cessionnaire et les acquéreurs d'immeubles particuliers, la préférence se déterminera donc d'après l'ordre des transcriptions.

Les mêmes règles s'appliquent aux tiers qui peuvent acquérir de l'héritier de simples démembrements de la propriété ou des droits réels quelconques, tels que des droits d'usufruit, d'usage, d'habitation, de servitude, d'antichrèse, d'hypothèque. La cession de droits successifs ne peut leur être opposée que si elle a été transcrite avant l'inscription des hypothèques ou la transcription des contrats constitutifs d'autres droits réels.

Les principes qui précèdent ne peuvent pas s'appliquer aux créances. Qu'arrivera-t-il alors si l'héritier, postérieurement à la cession de ses droits successifs, fait le transport de quelques créances de l'hérédité? Qui sera préféré pour ces créances? celui qui en a obtenu la cession spéciale, ou le cessionnaire des droits successifs, qui est cessionnaire général de toutes les créances de la succession? L'art. 1690 du Code Napoléon contient une règle applicable à tous les transports de créances sans distinction : un transport de créance ne devient opposable aux tiers que par la notification faite au débiteur, ou par son acceptation authentique du transport. Entre les deux cessionnaires, la préférence sera donnée à celui qui le premier aura fait notifier son transport aux débiteurs, ou l'aura fait accepter par eux. Pour rendre la cession de droits successifs opposable aux tiers, en ce qui concerne les créances, le cessionnaire doit donc la faire notifier aux débiteurs, ou au moins à tous ceux qui ne l'ont pas volontairement acceptée par acte authentique.

En résumé, pour enlever à l'héritier le pouvoir de disposer des objets mobiliers corporels de la succession, il faut que le cessionnaire se les fasse livrer; pour lui enlever le droit de disposer des immeubles, il faut qu'il fasse transcrire son acte de cession; et pour être sûr que l'héritier n'aliénera pas les créances, il faut que la cession soit notifiée à tous les débiteurs de la succession, ou acceptée par eux.

IV

Il peut arriver que le cédant aille plus loin et qu'il vende à un second cessionnaire les droits successifs qu'il a déjà vendus. L'antériorité du titre du premier cessionnaire suffira-t-elle pour le faire préférer au second? Faudra-t-il autre chose, par exemple des notifications, des transcriptions? S'il faut des notifications, à qui devront-elles être faites?

Toutes ces questions ont soulevé et soulèvent encore de grandes difficultés, et cependant elles tiennent à un ordre d'idées qui me paraît bien simple.

La cession de droits successifs n'est pas seulement, comme on l'a soutenu et jugé, la vente de l'action pour intervenir au partage. Cette idée, qui pouvait être exacte à Rome à cause du système particulier des Romains sur les actions et sur leur transport par le moyen d'un mandat exprès ou présumé, n'est plus admissible aujourd'hui. Elle ne s'appliquerait pas, du reste, au cas où l'existence d'un seul héritier exclurait toute idée de partage.

La cession de droits successifs est plus que la cession d'une action en partage. C'est un acte complexe, qui, comme je l'ai dit plus haut, peut se subdiviser en trois parties. La succession peut comprendre des objets mobiliers corporels, des immeubles et des choses incorporelles, telles que des créances et des rentes. La cession de droits successifs contiendra alors : 1° une vente des meubles corporels; 2° une vente des immeubles; 3° un transport des rentes et des créan- Pour savoir quel sera celui des deux cessionnaires qui devra être préféré à l'autre, il faudra appliquer à chaque bien les règles établies pour sa transmission.

Ainsi, pour les meubles corporels, on donnera la préférence à celui des deux cessionnaires à qui ils auront été livrés (art. 1141).

Pour les immeubles, on aurait, avant la loi du 23 mars 1855, préféré le premier cessionnaire, qui, devenu propriétaire envers et contre tous par le simple effet de la cession, aurait pu opposer au second son droit de propriété. Mais aujourd'hui, ce n'est plus l'antériorité de la cession qui donne la préférence, c'est l'antériorité de la transcription : le cessionnaire qui aura le premier fait transcrire son contrat sera donc préféré à l'autre.

Pour les rentes et les créances, on appliquera l'art. 1690, et on donnera la préférence à celui des deux cessionnaires qui aura le premier fait notifier ou accepter son contrat par les débiteurs.

Il peut arriver que l'un des deux cessionnaires l'emporte pour certains biens, et que l'autre soit préféré pour certains autres. Ainsi, il est possible que celui qui a le premier fait transcrire son contrat au bureau des hypothèques, ne l'ait pas fait notifier aux débiteurs, ou ait fait faire sa notification alors que l'autre cessionnaire avait déjà fait la sienne. Celui qui a fait transcrire le premier sera propriétaire des immeubles; celui qui a le premier fait faire la notification aux débiteurs l'emportera pour les créances.

Il peut même arriver que dans la même catégorie de biens, l'un des cessionnaires l'emporte d'un côté et se voie repousser de l'autre. Si la succession comprend des immeubles situés dans plusieurs arrondissements, il est possible que dans l'un des arrondissements le premier cessionnaire fasse transcrire le premier, et que, dans un autre, la seconde cession soit transcrite avant la sienne. Chacun sera préféré pour les immeubles sur lesquels il aura l'antériorité de transcription.

Il est possible aussi que le premier cessionnaire fasse le premier notifier son contrat à certains débiteurs, et que, auprès de certains autres, il se laisse devancer par le second. Chaque débiteur devra alors payer à celui qui lui aura fait faire la première notification.

Enfin, pour les meubles corporels, il peut arriver que le cédant livre les uns au premier cessionnaire, les autres au second. Chacun deviendra propriétaire de ceux qui lui auront été livrés.

Il est inutile d'ajouter que dans tous les cas où l'un quelconque des cessionnaires, se voyant préférer l'autre, ne pourra pas recevoir la totalité des biens héréditaires, il aura contre le cédant un recours pour se faire payer la valeur des biens dont il sera privé; il aura même droit à des dommages et intérêts, suivant les circonstances.

V.

J'ai parlé jusqu'ici des tiers auxquels l'héritier a conféré des droits sur les biens de la succession depuis la cession de

ses droits successifs. A ceux qui ont acquis des droits semblables avant la cession, on appliquera des règles analogues.
Dans ce cas, il est vrai, les droits ont été conférés par l'héritier alors qu'il était nanti de la propriété des choses héréditaires; ils n'ont donc pas acheté des choses qui n'appartenaient pas au vendeur; mais cela ne suffit pas. Pour que
leurs droits soient opposables au cessionnaire, il faut qu'ils
leur aient donné ce caractère en se conformant aux lois et
en suivant les principes applicables à chaque espèce de
biens.

Ainsi, celui qui, avant la cession, a acheté de l'héritier des
immeubles de l'hérédité, ne peut opposer ses droits au cessionnaire que s'il a fait transcrire son contrat d'acquisition
avant la transcription de la cession. Celui auquel l'héritier a
transporté des créances ne peut l'emporter sur le cessionnaire des droits successifs, que s'il a fait faire avant lui la
notification aux débiteurs. Celui qui a acheté des meubles
corporels, même avant la cession, ne pourra opposer ses
droits au cessionnaire que si celui-ci n'a pas été mis lui-
même en possession de ces meubles. Celui, enfin, auquel
l'héritier a concédé des droits réels ne peut opposer ses droits
que s'il a, avant la transcription de la cession, fait inscrire
les hypothèques ou transcrire les actes constitutifs des autres
droits réels.

On voit que les choses se passent pour les droits concédés
avant la cession comme pour ceux que l'héritier n'a conférés qu'après. Pour les meubles corporels et pour les choses
incorporelles, il en était déjà ainsi sous l'empire du Code
Napoléon; mais pour les immeubles, tout était différent.
C'était alors l'antériorité du titre d'acquisition qui donnait
la préférence entre deux acquéreurs du même immeuble;
les aliénations immobilières faites par l'héritier avant la cession étaient donc toujours opposables au cessionnaire. La

cession de droits successifs, au contraire, était toujours opposable aux aliénations qui lui étaient postérieures. C'est la loi de 1855 qui a rapproché les deux hypothèses.

J'ai dit, dans le chapitre précédent, que l'héritier était obligé de restituer au cessionnaire le prix qu'il avait retiré de la vente d'une partie des biens héréditaires. Cela doit s'appliquer seulement au cas où les tiers acquéreurs ayant légalement assuré leurs droits, les ventes sont devenues opposables au cessionnaire. Quand celui-ci n'est pas obligé de respecter les ventes et devient propriétaire des biens aliénés, il ne peut pas prétendre au prix que l'héritier avait stipulé. Ce dernier sera soumis à un recours en garantie : on ne peut pas l'obliger à restituer au cessionnaire de ses droits successifs un prix qu'il sera tenu de restituer aux tiers acquéreurs. Le cessionnaire ne peut pas se prévaloir contre l'héritier des aliénations qu'il ne respecte pas. S'il veut obtenir la restitution du prix, il n'a qu'à maintenir les aliénations, à les ratifier, quoiqu'elles ne lui soit pas légalement opposables. Il peut même arriver que l'héritier lui en impose l'obligation comme condition de la cession; l'acceptation de cette condition est alors une ratification tacite; il n'est plus recevable à attaquer les aliénations.

VI

Que décider à l'égard des créanciers personnels du cédant? La cession leur sera-t-elle opposable par elle-même, alors qu'elle n'aurait été ni notifiée ni transcrite?

Ici encore, je réponds en divisant la cession de droits successifs.

Comme vente de meubles corporels, cette cession est opposable aux créanciers du cédant, indépendamment de toute transcription et de toute notification. La transmission de la propriété mobilière n'a pas été modifiée par la loi du 23 mars 1855; elle est encore régie par l'article 711 du Code Napoléon; elle a lieu, tant vis-à-vis des tiers qu'entre les parties, par l'effet des obligations. Il en résulte que, si des créanciers du cédant font, après la cession, saisir des meubles faisant partie de l'hérédité, le cessionnaire trouvera dans la cession, pourvu qu'elle ait date certaine antérieure à la saisie, un titre suffisant pour faire respecter son droit de propriété (¹). Il est toutefois nécessaire que les meubles de la succession ne soient pas confondus avec ceux de l'héritier; si cette confusion avait lieu, les créanciers pourraient soutenir qu'ils ne proviennent pas de l'hérédité et qu'ils ne sont pas compris dans la cession. Le meilleur moyen de les distinguer est d'en faire dresser un inventaire authentique après l'ouverture de la succession.

Comme vente d'immeubles, la cession de droits successifs ne devient opposable aux tiers que par la transcription. Tant qu'elle n'a pas été transcrite, les créanciers du cédant peuvent faire saisir et vendre les immeubles, qui, à leur égard, appartiennent toujours à leur débiteur.

Cependant, si le cessionnaire fait transcrire son contrat avant que la saisie ait été transcrite, il aura la préférence; car c'est seulement à partir du jour de la transcription de la saisie que, d'après l'art. 686 du Code de Procédure, les immeubles saisis ne peuvent plus être aliénés par la partie saisie; à plus forte raison peut-on, jusqu'à ce moment, faire transcrire un contrat d'aliénation antérieure.

Enfin, comme transport de créances, la cession de droits

(¹) Quoique les meubles ne lui aient pas été livrés. — Entre deux acheteurs des mêmes objets mobiliers, on donne la préférence à celui qui est en possession; mais tant que le vendeur reste en possession, la propriété appartient à l'acheteur primitif, auquel son titre suffit pour faire respecter ses droits par des tiers qui ne possèdent pas, tels que les créanciers saisissants.

successifs ne devient opposable aux tiers que par la notification faite aux débiteurs. Jusque-là les créanciers du cédant
peuvent faire saisir les créances et se faire payer par préférence au cessionnaire.

VII

En résumé, pour que les droits du cessionnaire de droits
successifs soient complets et à l'abri de tout danger, il faut
trois choses : la *tradition* pour les meubles corporels, la *transcription* pour les immeubles, la *notification* pour les créances.
Mais si la cession doit être notifiée aux débiteurs, ce n'est
pas en qualité de cession de droits successifs, c'est simplement comme contenant un transport de créances; aussi
cette notification sera-t-elle inutile, impossible même, quand
la succession vendue ne comprendra pas de créances. Ce n'est
pas non plus comme cession de droits successifs que la cession doit être transcrite; c'est comme vente d'immeubles, et
il n'y aura à faire aucune transcription toutes les fois qu'il
n'y aura aucun immeuble dans la succession. S'il n'y a pas
de meubles corporels, il n'y aura à faire aucune tradition.

VIII

Plusieurs arrêts ont décidé que le cessionnaire de droits
successifs n'était saisi à l'égard des tiers et ne pouvait leur
opposer ses droits qu'après la notification faite aux cohéritiers
du cédant (¹). Ils sont fondés sur ce motif que l'art. 1690
s'applique à tous les droits incorporels dont il est question
dans le chap. VIII, tit. VI, liv. III du Code Napoléon; que,
par conséquent, tout transport de droits de cette nature doit

(¹) V. notamment un arrêt de la Cour de Nancy, du 28 juin 1856. (Dalloz, 56,
2, 130.)

être notifié aux débiteurs; que les droits successifs sont des droits contre les cohéritiers du cédant; que la notification doit donc être faite à ceux-ci comme débiteurs.

Depuis quand les cohéritiers sont-ils débiteurs des droits successifs du cédant? Cette idée est la conséquence d'une autre dont j'ai parlé plus haut, que la cession de droits successifs n'est autre chose que la cession de l'action en partage. Rien n'est plus inexact, si ce n'est l'application de l'article 1690 à des transports autres que les transports de créances ou de rentes. On ne dira pas sans doute que l'article 1690 s'applique à des contrats au uels ne s'applique pas l'article 1689. Or, qu'on lise ce u nier article; il parle de la délivrance entre les parties, et qu'elle s'opère par la remise du titre. De quel titre? Du tre de créance évidemment, du titre qui constate ce qu'on peut réclamer au débiteur. Alors, quel titre devra remettre l'héritier qui cède ses droits successifs? Ses droits ne sont pa basés sur un titre écrit; ils reposent sur une vocation légale, et l'héritier ne pourra pas remettre cette vocation au cess onnaire; il faudrait qu'il lui passât son degré de parenté.

Il faut donc reconnaître que l'article 1689, et par conséquent l'article 1690, ne s'appliquent pas à la cession de droits successifs, et qu'aucune loi n'exige que cel'e cession soit notifiée aux cohéritiers du cédant pour devenir opposable aux tiers; autrement, je demanderais comment on ferait si le cédant n'avait pas de cohéritier. Il faudrait bien se priver de leur faire faire une notification. A quelles voies aurait on recours alors pour rendre la cession opposable aux tiers? Il en faudrait trouver une autre; et pourquoi celle qui serait bonne quand il n'y a qu'un héritier, ne le serait-elle pas quand il y en a plusieurs?

Toutefois, j'admettrai l'utilité de la notification aux cohéritiers dans le but seulement de les empêcher de faire avec le cédant le partage de la succession (¹). Ils peuvent ignorer l'existence de la cession, et le partage qu'ils pourraient faire avec le cédant serait parfaitement régulier; le cessionnaire n'aurait aucun moyen de l'attaquer, quelque préjudiciable qu'il lui fût. Pour éviter la possibilité de ce préjudice, le cessionnaire doit avertir les cohéritiers de la cession qui le met à la place du cédant, et s'opposer à ce que le partage soit fait hors de sa présence. Dans ces limites, la notification aux cohéritiers est légale; c'est, du reste, une opposition plutôt qu'une notification; et elle puise sa légalité, non dans l'art. 1690, qui n'en parle pas, mais dans l'art. 882.

IX.

Il me reste à parler des effets de la cession de droits successifs à l'égard des créanciers du cessionnaire.

Les biens de l'hérédité, entrant dans le patrimoine de ce dernier, deviennent, comme ceux qu'il avait déjà, le gage commun de tous ses créanciers, et ils sont affectés au paiement de toutes ses dettes (art. 2093). S'il a accompli tous ses engagements à l'égard du cédant, il y a simplement une augmentation de son patrimoine; on ne sort pas du droit commun. Mais si les engagements du cessionnaire ne sont pas accomplis, il a un créancier de plus, le cédant, dont les relations avec ses autres créanciers méritent des explications spéciales. Elles vont faire l'objet de la section suivante.

_____

(¹) Et non dans le but de rendre la cession opposable aux créanciers du cédant, ou de fixer la préférence entre deux cessionnaires des mêmes droits successifs.

SECTION III.

Des sûretés accordées au cédant. — Privilège du vendeur. — Action résolutoire. — Droit d'intervenir au partage.

I.

Quand le cessionnaire n'a pas payé le prix de la cession, et quand il n'a pas satisfait aux obligations que ce contrat lui impose, il reste débiteur du cédant (¹). Tous ses biens sont sans doute affectés généralement au paiement de cette dette; mais les biens provenus de l'hérédité y sont affectés plus spécialement que les autres. Le cédant ne se confond pas avec les autres créanciers; sa créance est privilégiée; il a sur les biens de la succession le privilége qu'a tout vendeur sur la chose vendue.

II.

Quelques difficultés peuvent s'élever pour l'étendue de ce privilége appliqué au cédant de droits successifs.

L'art. 2102, 4°, et l'art. 2103, 1°, du Code Napoléon accordent un privilége au vendeur pour le paiement du prix; l'héritier qui a cédé ses droits successifs, et qui est un véritable vendeur, a donc un privilége pour le prix que le cessionnaire a promis de lui payer. Mais je ne crois pas que son privilége soit limité à cette somme. Il est de principe, à la vérité, qu'on ne doit donner aucune extension aux priviléges, et qu'on doit les resserrer dans les limites que la loi leur a fixées. Mais ces principes ne s'opposent pas à ce que

---

(¹) L'hérédité n'est pas *inempta*, comme en droit romain.

le cédant ait un privilége pour le remboursement des sommes qu'il a payées aux créanciers ou aux légataires du défunt, soit avant, soit depuis la cession. Le cessionnaire s'était engagé à payer ces legs et ces créances, et ce paiement était en réalité une partie du prix; si la succession n'avait pas eu de charges, elle aurait été vendue plus cher. La valeur des biens qu'elle comprend n'est pas représentée seulement par le prix qui a figuré nominalement au contrat de cession, mais en outre par les sommes que le cessionnaire devait payer aux créanciers et aux légataires pour libérer le cédant.

Le même privilége garantira à ce dernier le paiement des intérêts qui lui seront dûs, le recouvrement des frais et loyaux coûts du contrat, s'il a été obligé de les payer. Ce sont des accessoires du prix.

III

Le privilége de l'héritier qui a cédé ses droits successifs porte sur l'hérédité vendue, c'est-à-dire sur cette universalité qui comprend tout ce qui a été laissé par le défunt, tant en immeubles qu'en meubles corporels ou incorporels. Il porte sur tous les biens de la succession sans distinction. Sur les meubles, c'est le privilége accordé par l'article 2102, 4°, à tout vendeur d'effets mobiliers non payés; sur les immeubles, c'est celui que l'article 2103, 1°, accorde à tout vendeur d'immeuble qui n'a pas reçu le prix.

Quand je dis que le privilége du cédant porte sur les meubles de la succession, j'entends parler des meubles incorporels aussi bien que des meubles corporels; il portera sur les rentes, sur les créances, aussi bien que sur les meubles meublants. L'art. 2102, 4°, ne fait pas de distinction; il accorde le privilége à tout vendeur d'*effets mobiliers* non payés. Or, le sens de ces mots *effets mobiliers* ne peut pas être douteux;

il est donné formellement par l'art. 535, Cod. Nap.; il faut entendre par *effets mobiliers* tout ce qui n'est pas immeuble (¹).

IV.

Le privilége du cédant, qui porte indistinctement sur tous les biens de la succession, ne se conserve pas sur tous de la même manière. Sur les meubles, il ne pourra s'exercer que suivant les exigences de l'art. 2102, 4°, qui l'accorde seulement quand les effets mobiliers sont encore en la possession de l'acheteur. Si le cessionnaire cesse de posséder quelques effets mobiliers, le cédant perd sur eux son privilége.

Du reste, c'est à la cessation de la possession et non à l'aliénation que la loi attache la perte du privilége; de telle sorte que si le cessionnaire vend des effets mobiliers, mais ne les livre pas immédiatement à l'acheteur, le cédant conserve son privilége. Il ne le perdra qu'au moment où le cessionnaire se dessaisira des meubles qu'il a vendus, si avant cette époque il n'a fait aucune diligence pour l'exercer. Ses diligences peuvent consister en une saisie-arrêt faite à sa requête entre les mains de l'acheteur; par ce moyen, il empêchera celui-ci de payer le prix au cessionnaire, et lors même que d'autres créanciers feraient de semblables saisies, il sera payé avant eux comme créancier privilégié.

Les mêmes principes s'appliquent aux meubles incorporels. Si le cessionnaire transporte à des tiers des créances de la succession, le cédant conservera sur elles son privilége tant que durera la possession du cessionnaire, et il faut considérer celui-ci comme étant en possession tant qu'il n'a pas

---

(¹) V. en ce sens, Troplong, *Priviléges et Hypothèques*, t. 1, n° 187; — en sens contraire, Persil, *Quest. sur les priviléges*, t. 1, p. 27 · *régime hypothécaire*, t. 1, art. 2102, § 4.

remis à l'acheteur les titres des créances aliénées (art. 1607 et 1689). Jusqu'à cette remise, le cédant peut, en faisant saisir le prix du transport, exercer son privilége et se faire payer par préférence aux autres créanciers du cessionnaire.

V.

C'est surtout sur les immeubles de la succession que le privilége du cédant est une garantie importante; car il ne dépend pas d'un fait aussi peu assuré que la possession du cessionnaire. Quand il est légalement conservé, il permet au cédant de suivre les immeubles entre les mains de tous ceux à qui ils passent, et de se faire payer sur leur prix par préférence à tous autres (art. 2166).

Pour la manière de le conserver, il faut se rappeler qu'il n'est autre qu'un privilége de vendeur, et lui appliquer toutes les règles établies par les lois pour le privilége des vendeurs ordinaires.

Comme tout privilége de vendeur, il se conserve par une inscription prise au bureau des hypothèques dans l'arrondissement duquel se trouvent les immeubles. Ce n'est pas dire qu'il ne prendra rang qu'à la date de son inscription. Il ne peut être exercé que s'il est inscrit; mais une fois inscrit, il prend le rang que lui donne la faveur de la créance qu'il garantit, et il l'emporte sur toutes les hypothèques consenties par le cessionnaire, encore qu'elles aient été inscrites antérieurement.

Aucun délai n'est fixé par la loi pour l'inscription du privilége du vendeur, et par suite pour celle du privilége du cédant. Cependant, certains événements peuvent rendre inefficace une inscription trop tardive.

Tant que les immeubles grevés du privilége ne sont pas aliénés par le cessionnaire, il est toujours temps pour le cé-

7

dant de se faire inscrire, et quelque tardive que soit son
inscription, elle lui donne un rang hypothécaire qui le fait
préférer à tous les créanciers non privilégiés inscrits avant
lui depuis la cession. Mais si le cessionnaire aliène les immeubles, on ne peut pas laisser les tiers acquéreurs perpé-
tuellement exposés à voir arriver l'inscription du cédant sur
des biens qu'ils ont, depuis longtemps peut-être, achetés et
payés.

Depuis soixante ans, c'est-à-dire depuis la loi du 11 brumaire an VII, l'effet de l'aliénation relativement au privilége
du vendeur a souvent varié. Sous l'empire de cette loi, le
cédant pouvait faire inscrire son privilége tant que l'aliénation n'avait pas été transcrite; jusqu'à la transcription, l'a-
liénation ne pouvait pas lui être opposée. D'après le Code
Napoléon, la simple aliénation arrêtait la prise des inscriptions; il suffisait que le cessionnaire eût vendu des immeubles de la succession, pour que le cédant fût privé du droit
de faire inscrire sur eux son privilége, encore que les aliénations ne fussent pas transcrites. Le Code de procédure changea cet ordre de choses, et par son article 834, il établit que
le privilége pourrait être inscrit, non-seulement jusqu'à la
transcription des aliénations, mais encore pendant la quinzaine qui suivrait cette transcription.

Vint enfin la loi du 23 mars 1855, qui nous régit aujour-
d'hui. Elle a ramené presque complétement le système hypothécaire de la loi du 11 brumaire an VII. Les actes translatifs
de propriété immobilière ne deviennent opposables aux tiers
que par la transcription. Jusqu'au moment où les aliénations
faites par le cessionnaire sont soumises à cette formalité, le
cédant peut donc faire inscrire son privilége d'une manière
utile; mais il n'a plus le délai de quinzaine à partir de la
transcription : l'art. 834 du Code de procédure est abrogé.
La loi de 1855 n'apporte qu'une restriction au principe que

la loi de l'an VII appliquait à la rigueur; c'est l'établissement du délai de quarante-cinq jours à partir de la vente ou de la cession, pendant lequel le cédant peut faire utilement inscrire son privilége, nonobstant toute transcription d'actes faite avant son expiration ([1]). Sous la loi de l'an VII, le cessionnaire aurait pu vendre immédiatement les immeubles de la succession, et le tiers acquéreur faire transcrire aussitôt : le droit du cédant disparaissait devant cette transcription qui venait le surprendre à l'improviste. La loi de 1855 a eu pour but d'empêcher cette surprise, en accordant toujours au vendeur un délai de quarante-cinq jours, quoi qu'il pût arriver auparavant.

Inscrit dans ce délai, le privilége du cédant sera utilement conservé, encore que son inscription ait été précédée par des transcriptions d'aliénations. Le délai expiré, l'inscription peut encore être prise avec utilité, mais elle ne produit aucun effet à l'égard des tiers acquéreurs qui ont fait transcrire précédemment leurs contrats; les immeubles qu'ils ont acquis passent entre leurs mains libres de toute affectation au profit du cédant.

Il ne suffit pas toujours d'une inscription prise par le cédant, quelquefois il en faut plusieurs. Cette nécessité existe quand la succession comprend des immeubles situés dans des arrondissements différents; il faut alors une inscription au bureau des hypothèques de chaque arrondissement, sinon le privilége ne serait conservé que sur les immeubles sur lesquels il aurait été inscrit.

([1]) « A partir de la transcription, les créanciers privilégiés ou ayant hypothèque aux » termes des art. 2123, 2127 et 2128 du Code Napoléon, ne peuvent prendre utile-» ment inscription sur le précédent propriétaire; néanmoins, le vendeur ou le coparta-» geant peuvent utilement inscrire les priviléges à eux conférés par les articles 2108 et » 2109 du Code Napoléon, dans les quarante-cinq jours de l'acte de vente ou de partage, » nonobstant toute transcription d'actes faits dans ce délai. — Les art. 834 et 835 du » Code de Procédure civile sont abrogés. (Loi du 23 mars 1855, art. 6.)

Au surplus, quand la cession de droits successifs est soumise à la transcription, le privilége du cédant est conservé sans que ce dernier ait besoin de requérir une inscription. Le conservateur des hypothèques prend une inscription d'office; l'art. 2108 ne distingue pas entre les vendeurs; sa règle est applicable au profit de tous; et si, du reste, cette inscription d'office n'est pas prise, le privilége n'en éprouve aucune souffrance : la simple transcription le conserve (¹).

VI

Ce privilége n'est pas la seule sûreté que la loi accorde au cédant non payé; celui-ci peut aussi demander la résolution de la cession; il a, à ce sujet, l'action résolutoire ouverte à tout vendeur qui n'est pas payé (C. Nap., art. 1654); il n'est pas nécessaire que la totalité du prix lui soit due; il suffit que le cessionnaire lui en doive une partie, quelque faible qu'elle soit, pour autoriser la demande en résolution. Dans ce cas, le cédant qui fait résoudre la cession doit restituer ce qui lui a été payé.

L'effet de la résolution est de remettre les choses dans l'état où elles se seraient trouvées, si la cession n'avait jamais eu lieu. Les biens de l'hérédité rentrent dans les mains du cédant libres de toutes hypothèques ou charges quelconques du chef du cessionnaire. Tous les droits réels dont celui-ci a pu les

(¹) Sauf la responsabilité du conservateur des hypothèques envers les tiers que l'absence d'inscription peut induire en erreur. — Quand l'inscription est prise, soit à la requête du cédant, soit d'office, elle ne dure que dix ans, comme toutes les inscriptions hypothécaires; avant l'expiration de ce délai il faut qu'elle soit renouvelée par le cédant : le conservateur ne la renouvelle pas d'office. Si le délai expire sans renouvellement, les choses sont remises dans le même état que s'il n'y avait pas eu d'inscription. Le privilége n'est pas toujours perdu; il peut encore être inscrit utilement, si le cessionnaire n'a pas aliéné les immeubles, ou si les aliénations ne sont pas transcrites.

grever sont détruits, car le droit de propriété qui lui permettait de les établir est lui-même détruit. Il n'était devenu propriétaire qu'à la condition de payer le prix de la cession; la condition n'étant pas accomplie, son droit disparaît, et est censé n'avoir jamais existé.

La résolution n'anéantit pas seulement les hypothèques et les autres droits réels établis par le cessionnaire, elle anéantit même les aliénations qu'il a pu faire, car il est censé n'avoir jamais eu la propriété; il a donc aliéné le bien d'autrui, et le cédant, seul propriétaire, peut réclamer les biens comme s'ils n'avaient pas été aliénés.

Toutefois, il faut distinguer ici entre les meubles et les immeubles.

Malgré l'extinction générale des droits conférés par le cessionnaire sur les biens de la succession, le cédant ne peut pas réclamer les objets mobiliers qui ont été aliénés et livrés aux acquéreurs; car, en fait de meubles, la possession vaut titre (art. 2279).

Mais, pour les immeubles, les conséquences de la résolution s'appliquent rigoureusement. Toutes les aliénations immobilières faites par le cessionnaire sont résolues en même temps que la cession : *resoluto jure dantis, resolvitur et jus accipientis.* Le cédant rentre dans la propriété de ses biens comme s'il n'y avait jamais eu de cession.

Aucun délai n'est fixé pour l'exercice de l'action résolutoire. Faut-il en conclure que le cédant pourra toujours l'exercer, et que cette action n'est soumise à aucune prescription? Cette conclusion ne peut venir à la pensée de personne : toutes les actions sont prescriptibles. Pour le délai de la prescription, il faut faire ici une distinction. Entre le cédant et le cessionnaire ou leurs héritiers, l'action résolutoire ne se prescrit que par trente ans, le temps ordinaire de la prescription, et ces trente années courent du jour où le prix a été exigible (¹). Cette solution, exacte sous le Code, ne doit recevoir aucune modification sous l'empire de la loi de 1855.

A l'égard des tiers auxquels le cessionnaire a vendu des immeubles de la succession, cette dernière loi doit amener des solutions différentes de celles que l'on donnait autrefois.

Le Code Napoléon n'exigeait aucune condition de publicité pour la conservation de l'action résolutoire. Aussi, les sous-acquéreurs étaient-ils exposés, après avoir acheté et payé de bonne foi, à être évincés sur la demande en résolution du vendeur ou du cédant. On leur accordait, il est vrai (et encore cela fit-il difficulté), la faveur de prescrire par dix ou vingt ans, conformément à l'art. 2265, en considération de leur juste titre et de leur bonne foi; mais si le danger durait moins longtemps, il n'en existait pas moins (²). C'est la loi du 23 mars 1855 qui l'a fait disparaître.

D'après l'art. 7 de cette loi, qui s'applique au vendeur de droits successifs comme à tout vendeur, l'action résolutoire ne peut plus être exercée contre les sous-acquéreurs après l'extinction du privilége du vendeur. Ce n'est donc qu'en rendant public son privilége par l'inscription ou la transcription, conformément à ce qui a été exposé plus haut, que le cédant peut conserver le droit d'exercer l'action résolutoire; de cette façon, les tiers peuvent toujours avoir connaissance de la possibilité d'une résolution.

_____

(¹) Art. 2257, Code Nap. — Troplong, *Vente*, t. II, n° 662.

(²) Ce danger existait même dans le principe pour les ventes faites en justice sur saisie immobilière. Celui qui devenait adjudicataire des biens d'un acheteur ou d'un cessionnaire, n'était pas sûr de ne pas être évincé à la suite d'une demande en résolution. Le Code de Procédure, par ses art. 692 et 717, avait modifié cet état de choses pour les adjudications sur saisie immobilière, en obligeant le vendeur à former sa demande en résolution, et à la notifier au greffe avant l'adjudication, à peine d'être définitivement déchu, à l'égard de l'adjudicataire, du droit de la faire prononcer. Mais rien n'avait été changé pour les ventes à l'amiable.

Si les tiers acquéreurs soumettent leurs contrats à la formalité de la transcription avant que le cédant ait fait ins
crire son privilége, ils sont généralement à l'abri contre l'action résolutoire. Cependant, si on était encore dans le délai
de quarante-cinq jours, à partir de la cession, le cédant pourrait conserver contre eux l'action résolutoire, en faisant inscrire son privilége dans ce délai (¹).

Il sera bien rare désormais que les tiers acquéreurs aient
besoin d'une prescription contre l'action résolutoire; car la
publicité donnée au privilége du cédant les amènera ou à en
faire purger les immeubles qu'ils acquerront, ou à payer leur
prix au cédant lui-même, pour se faire subroger à ses droits.
Cependant, l'utilité de la prescription peut encore exister
quelquefois; l'acquéreur peut avoir payé au cessionnaire sans
examiner si le privilége du cédant était inscrit; ce sera alors
la prescription de dix ans qui sera applicable, comme avant
la loi de 1855 (²).

VII

Le privilége du vendeur et l'action résolutoire sont accor-
dés au cédant aussi bien quand il a des cohéritiers et qu'il a
cédé seulement ses droits dans la succession, que quand il est
seul héritier et qu'il a cédé l'hérédité tout entière.

Quand la cession a pour objet une partie seulement de
l'hérédité, le privilége ne porte que sur les biens mis par le
partage au lot du cessionnaire. Il en est de même de l'action
résolutoire. Le cessionnaire a eu qualité pour figurer au partage au nom du cédant; si celui-ci n'est pas payé, il peut

---

(¹) Avant la loi de 1855, la transcription n'empêchait jamais le vendeur de demander
la résolution.

(²) La prescription ne serait pas interrompue par le renouvellement de l'inscription
du privilége. (Art. 2180, Code Nap.)

demander la résolution de la cession, et obtenir ainsi la propriété des biens mis au lot du cédant; mais il ne peut pas
demander un nouveau partage en alléguant que la résolution
mettant les choses dans l'état où elles se seraient trouvées si
la cession n'avait pas eu lieu, le cessionnaire est censé n'a-
voir jamais eu qualité pour figurer au partage. Ce raisonne-
ment peut bien être opposé aux tiers, qui tiennent leurs droits
du cessionnaire, mais non aux cohéritiers, qui ne tiennent
rien de lui, puisque le partage a été simplement une déclaration de leurs droits. Le cessionnaire y a figuré en qualité
de mandataire du cédant; celui-ci ne peut pas l'attaquer.

Les sûretés du cédant étant ainsi limitées aux objets mis
par le partage au lot du cessionnaire, il est intéressé à ce
que ce lot soit aussi considérable que possible; il lui importe
que le cessionnaire ne collude pas avec ses cohéritiers pour
se faire attribuer des biens qui échappent facilement au privilége et à l'action résolutoire, comme de l'argent, des créances, du mobilier quelconque; il lui importe que des immeubles soient mis au lot du cessionnaire quand la succession
en contient, afin que le privilége et l'action résolutoire aient
une base assurée.

Cet intérêt du cédant lui permet d'intervenir au partage,
et même de s'opposer à ce qu'il soit fait hors de sa présence.
L'art. 882 accorde ce droit à tout créancier d'un copartageant, et le cédant est créancier du cessionnaire tant que
celui-ci n'a pas accompli les obligations mises à sa charge
par la cession. Il doit, à ce sujet, faire notifier à tous ses
cohéritiers un acte d'opposition tendant à les empêcher de
procéder au partage hors de sa présence, et si on y procédait malgré cette opposition, il pourrait l'attaquer pour la
conservation de ses droits.

Mais le partage une fois consommé en l'absence de toute
opposition de sa part, le cédant ne peut plus l'attaquer, quel-

que préjudice qu'il lui cause. Il ne peut user de l'action ré-
vocatoire que l'art. 1167 accorde à tout créancier pour faire
révoquer les actes frauduleux de son débiteur. Contre un
partage, les créanciers n'ont qu'une voie préventive, celle
que leur ouvre l'art. 882.

SECTION IV.

Du retrait successoral.

I.

Pour terminer ce qui concerne les effets de la cession faite
à un étranger, il reste à parler du *retrait successoral ;* c'est
le droit qu'ont les cohéritiers du cédant d'écarter du partage
le cessionnaire étranger, en lui remboursant le prix de la
cession.

Il ne peut pas être question de ce retrait quand un héritier unique a cédé ses droits sur l'hérédité tout entière ; car
il n'y a aucun partage à faire. C'est seulement quand il y a
plusieurs héritiers, et que l'un deux ayant cédé ses droits à
un étranger, ses cohéritiers voient venir le cessionnaire
prendre part à un partage auquel ne l'appelait aucun lien de
famille. On suspecte l'intention de cet étranger ; on craint
que son intervention ne rende difficile, impossible peut-être,
un partage amiable ; les membres d'une même famille s'ar-
rangent plus facilement entre eux qu'avec un étranger, souvent disposé à mettre partout le feu de la procédure. Il est
possible que cet étranger n'ait acheté les droits d'un cohéritier qu'avec la pensée de nuire aux autres en leur suscitant
des difficultés ; car « il est trop ordinaire, dit Merlin, de voir
» qu'on achète souvent des procès pour se donner le plaisir
» de vexer ceux avec qui l'on doit contester. » Il est, du
reste, de l'intérêt des citoyens qu'un étranger ne vienne pas

audacieusement pénétrer le secret des familles, à la faveur
d'un titre que l'envie de nuire peut lui avoir procuré.

Il a paru juste de permettre aux cohéritiers du cédant,
pour repousser les intentions processives du cessionnaire
étranger, de l'écarter du partage, en lui remboursant toutefois le prix de la cession, afin qu'il ne fût point lésé.

Tel est le droit établi par l'art. 841, Cod. Nap. Cette disposition puise son origine dans la jurisprudence de l'ancienne
France, où elle fut introduite par imitation de deux lois romaines célèbres, les lois *per diversas* et *ab Anastasio* (¹),
édictées contre les acheteurs de créances litigieuses.

Au sujet de ce retrait, j'examinerai brièvement trois
points : 1° contre qui il peut être exercé; 2° quelles personnes peuvent l'exercer; 3° quelles sont les conditions de cet
exercice.

II.

L'art. 841 permet d'écarter du partage tout cessionnaire,
même parent du défunt, qui n'est pas son successible. Quand
un héritier cède ses droits successifs à un de ses cohéritiers,
le retrait successoral n'aurait plus de raison d'être, s'il permettait de repousser le cessionnaire, puisque celui-ci figu-
rerait encore au partage en sa qualité d'héritier.

Toutes les fois que le cessionnaire a pour figurer au partage une qualité indépendante de la cession, il n'y a plus
lieu au retrait. On peut donc poser cette règle, plus expli-
cite que l'art. 841, que *le retrait successoral peut être exercé
contre tout cessionnaire de droits dans une succession au
partage de laquelle il ne pouvait pas prendre part sans la
cession.*

_____

(¹) L. 22 et 23, C. *Mandati vel contra.*

Cette règle écarte l'opinion de quelques auteurs, qui veulent soumettre au retrait l'héritier d'une ligne qui achète des
droits successifs dans l'autre ligne. A quoi le retrait pourrait-
il servir, puisque le cessionnaire repoussé prendrait part au
partage comme héritier de sa ligne?

Il en serait autrement si l'héritier unique dans une ligne
cédait ses droits au parent qui vient immédiatement après
lui dans la même ligne. Alors les héritiers de l'autre ligne
peuvent écarter du partage ce cessionnaire, qui, bien qu'il
soit parent, n'a pour y figurer d'autre titre que la cession ([1]).

Quand un légataire se rend cessionnaire des droits success-
sifs d'un héritier, il faut distinguer quelle est la nature de
son legs. S'il est légataire à titre universel, comme il a droit
à une quote-part, son droit ne peut être déterminé que par
un partage, auquel son titre de légataire lui permet de figurer; alors le retrait successoral ne l'écarterait pas du partage; il n'aura pas lieu contre lui. Mais si le legs est à titre
particulier, le légataire ne peut pas y puiser le droit de prendre part au partage, puisque son droit est déjà déterminé; il
sera alors exposé au retrait.

Dans toutes les hypothèses qui peuvent se présenter, on
doit faire le même examen. Le cessionnaire a-t-il ou n'a-t-il
pas, pour figurer au partage, un autre titre que la cession?
S'il en a un autre, il est à l'abri du retrait successoral; s'il
n'en a pas, il peut être repoussé.

Voici, toutefois, une difficulté : quand un créancier se
fait céder en paiement de sa créance les droits de son débiteur dans une hérédité, peut-il être repoussé par les cohéritiers du cédant? Au premier aperçu, on est porté à donner à
cette question une solution affirmative. Cependant, l'art. 1166

([1]) Duvergier, sur Toullier, t. IV, n° 445, note b. — Contrà, Toullier, loc. cit.

permettait au créancier de figurer au partage en exerçant les droits de son débiteur; l'art. 882 lui permettait d'y intervenir pour la conservation de ses droits. Il avait donc déjà un titre pour y prendre part.

On ne peut pas non plus écarter du partage, par le retrait successoral, celui à qui des droits successifs ont été cédés gratuitement. On ne peut pas le soupçonner d'avoir voulu acheter des procès. Au surplus, appliqué au cessionnaire à titre gratuit, le retrait successoral manquerait toujours de sa condition essentielle, le remboursement du prix.

III

L'art. 841 n'accorde l'exercice du retrait successoral qu'aux cohéritiers du cédant. Toutefois, il faut accorder le même droit à certains successeurs, qui, sans avoir le titre d'héritiers, sont appelés directement à une quote-part de l'hérédité, comme un enfant naturel légalement reconnu, un légataire universel ou à titre universel, à tous ceux en résumé qui ont personnellement, et sans devenir cessionnaires, le droit de prendre part au partage.

Mais le cessionnaire de l'un des héritiers ne pourrait pas exercer le retrait successoral contre celui d'un autre héritier, quelles que soient les dates des cessions. Les deux cessionnaires viennent avec des titres et des qualités exactement semblables.

Un héritier qui, après avoir cédé ses droits successifs, achète ceux d'un de ses cohéritiers, ne peut pas écarter du partage les cessionnaires de ses autres cohéritiers; car il vient lui-même, non comme héritier, mais comme cessionnaire, qualité à laquelle la faveur du retrait n'est pas attachée.

Un héritier qui succède par droit de transmission peut exercer le retrait successoral, soit dans la succession transmise, soit dans la succession de celui au moyen duquel la transmission s'opère, car dans la dernière succession il est héritier direct; dans la première, il est aux lieu et place de l'héritier et en a tous les droits.

IV

La première condition du retrait successoral est le remboursement du prix de la cession. Il ne faut pas que les héritiers s'enrichissent aux dépens du cessionnaire.

Cette condition exclut péremptoirement la possibilité du retrait contre un cessionnaire à titre gratuit.

Outre le prix de la cession, les héritiers qui exercent le retrait doivent rembourser les frais et loyaux coûts du contrat.

C'est, du reste, le prix réellement payé par le cessionnaire qui doit lui être remboursé, et non celui qui figure nominalement au contrat de cession. Il est possible qu'en payant un prix moins élevé, le cessionnaire, d'accord avec le cédant, ait fait établir dans l'acte un prix considérable, afin de rendre l'exercice du retrait très-onéreux pour les cohéritiers du cédant. Si ces derniers peuvent prouver cette fraude et démontrer que la somme réellement payée ou promise était moins forte, il leur suffira de rembourser cette somme (¹).

Si le cessionnaire, au lieu de promettre un prix en argent, avait donné une chose en échange des droits successifs, l'exercice du retrait ne serait pas arrêté; le retrayant devrait payer la valeur de la chose donnée.

Quand le cédant a plusieurs cohéritiers, tous peuvent sans

(¹) Cette preuve peut être faite par tous les moyens de droit, par écrit, par témoins, par présomptions graves, précises et concordantes, quoiqu'il ne soit pas présenté de commencement de preuve par écrit, et que la somme soit inférieure à 150 fr. (Art. 1318, Code Nap. — Duvergier, sur Toullier, t. IV, n° 150, note a. — Duranton, t. VII, n° 195.)

doute se réunir pour exercer conjointement le retrait; mais un seul peut le faire en remboursant de ses propres deniers la totalité du prix. Il profite seul alors de tous les biens qu'il enlève au cessionnaire, et ses cohéritiers ne peuvent, en lui offrant leur part dans le prix, exiger leur part dans les droits qu'il a rachetés. Dès que les droits primitivement cédés à un étranger sont passés dans les mains d'un successible, on rentre dans la loi commune, d'après laquelle personne n'est obligé de céder ses droits (¹).

Il n'est imposé aux cohéritiers du cédant aucun délai dans lequel ils doivent exercer le retrait successoral. Cette faculté leur appartient tant que le partage n'a pas eu lieu (²). Mais après le partage elle n'aurait plus de raison d'être; elle avait pour but d'empêcher l'étranger cessionnaire de s'immiscer aux opérations du partage, et de prendre ainsi connaissance de toutes les affaires de la famille. Le remède serait un peu tardif, s'il venait après l'accomplissement de tout ce qu'il a pour but d'éviter.

CHAPITRE IV.

DES EFFETS DE LA CESSION FAITE ENTRE COHÉRITIERS.

La cession de droits successifs faite entre cohéritiers laisse quelquefois subsister l'indivision; quelquefois elle la fait

---

(¹) Toullier, t. IV, nº 438. — Chabot, sur l'art. 841, nº 16. — Duranton, t. VII, nº 199.

(²) Il ne suffit pas que les opérations du partage soient commencées, pour que le retrait ne puisse plus être exercé. Si la cession a été tenue secrète, et si les premières opérations du partage ont été faites avec le cédant, les cohéritiers de celui-ci pourront repousser le cessionnaire quand la cession leur sera connue, pourvu que le partage ne soit pas consommé. Mais une fois le partage terminé, je n'admettrais pas les cohéritiers du cédant à repousser le cessionnaire, encore que la cession ait été tenue secrète pendant toutes les opérations du partage. (Contrà, Duvergier, sur Toullier, t. IV, nº 448, note a.)

cesser. Elle la laisse subsister lorsqu'un des héritiers, transportant ses droits à un autre, il en existe encore un ou plusieurs qui conservent leurs droits, de sorte qu'un partage est
encore nécessaire entre eux et le cessionnaire. Elle la fait
cesser lorsque l'un des héritiers acquiert les droits de tous
les autres; aucun partage n'est désormais nécessaire.

Du reste, l'indivision cesse quoique quelques-uns des cédants se soient réservé certains biens de l'hérédité. Il n'y a
plus indivision dès que les droits sont distincts et séparés,
et qu'un partage n'est plus nécessaire. C'est là le criterium.

Quand la cession faite entre cohéritiers ne fait pas cesser
l'indivision, elle produit les mêmes effets que celle faite à un
étranger. C'est une vente à laquelle on applique les règles de
la vente; le cédant, tant qu'il n'a pas reçu le prix, jouit du
privilége du vendeur et de l'action résolutoire. On applique
tous les principes exposés dans le chapitre précédent; une
seule différence existe : la cession entre cohéritiers ne donne
jamais ouverture au retrait successoral; car elle n'appelle pas
un étranger à l'intimité du partage.

Mais quand la cession fait cesser l'indivision (et c'est le
point de vue sous lequel elle va être envisagée dans ce chapitre), elle produit des effets tout différents; ce n'est plus une
vente, c'est un acte qui équivaut à un partage, et auquel sont
attachées toutes les conséquences du partage. C'est le sort
de tous les actes qui font cesser l'indivision; la loi les regarde
comme de véritables partages, quelle que soit la qualification
qu'on leur donne, vente, cession, transport, échange, trans-
action, peu importe; ce sont des partages, puisque ce sont
des actes qui séparent et distinguent des droits jusqu'alors
confondus (art. 888).

La différence dominante entre la cession qui laisse subsister l'indivision et celle qui la fait cesser, est la différence
dominante entre la vente et le partage; la première est trans-

lative de propriété, la seconde est simplement déclarative.
Dans le premier cas, l'héritier qui cède ses droits successifs
reçoit un prix de vente; dans le second, la somme que lui
paie le cessionnaire équivaut à une soulte de partage ou à un
prix de licitation.

SECTION I.

Effets de la cession entre les parties.

Entre les parties, les effets des deux cessions sont à peu
près les mêmes. Les sûretés accordées au cédant pour le
paiement du prix sont seules un peu différentes. La cession
qui fait cesser l'indivision ne met pas à sa disposition l'action résolutoire; il a le privilége du copartageant au lieu
d'avoir celui du vendeur; mais les obligations réciproques
des parties ont exactement la même étendue.

Le cédant est obligé de livrer au cessionnaire tout ce qui
lui est provenu de la succession, à moins qu'il ne se soit fait
des réserves; il doit restituer le montant des créances dont il a
reçu le paiement, les fruits qu'il a perçus sur des biens de
la succession. Il est tenu de payer les dettes qu'il devait au
défunt, et qui se sont éteintes, partiellement du moins, par la
confusion opérée en sa personne entre la qualité de débiteur
et celle de créancier partiel.

De son côté, le cessionnaire doit payer au cédant le montant des créances que celui-ci avait contre le défunt, et que
la confusion a également éteintes en partie. Il doit l'indem_
niser de toutes les dépenses qu'il a faites pour la succession,
lui rembourser les droits de mutation, les impôts de toute
espèce, les sommes qu'il a payées à des créanciers ou à des
légataires de la succession. Tous ces paiements sont censés
avoir été faits pour le compte du cessionnaire, qui est con-

sidéré comme ayant eu seul des droits sur la succession.
Enfin, outre ces indemnités et ces restitutions, le cessionnaire
doit payer le prix pour lequel la cession lui a été consentie.

SECTION II.

Effets, à l'égard des tiers, de la cession qui fait cesser l'indivision
-- Notification.

I

C'est surtout à l'égard des tiers que les effets de la cession
sont différents lorsqu'elle fait cesser l'indivision.

Depuis l'ouverture de la succession jusqu'au moment de la
cession, l'héritier cédant était saisi d'une quote-part des
biens héréditaires; mais son droit n'était pas encore déterminé sur chaque bien; il était subordonné à l'éventualité du
partage, devant se restreindre aux biens qui seraient mis à
son lot et être considéré sur les autres comme n'ayant
jamais existé. En attendant le partage ou un acte équivalent,
son droit, existant sur chaque bien de la succession, était
subordonné sur chacun à une condition résolutoire. Quand l'indivision a cessé par la cession, la résolution a eu lieu pour
la généralité des biens de la succession; le cédant est censé
n'avoir jamais eu sur eux le moindre droit, et le cessionnaire
est considéré comme les tenant tous directement du défunt
(art. 883). C'est une fiction légale qui fait de la cession une
simple déclaration d'un droit préexistant.

Les conséquences pour les tiers en sont immenses. Les
choses sont placées exactement dans l'état où elles se seraient
trouvées si les droits du cédant n'avaient jamais existé. Alors
tous les droits que ce dernier a pu concéder à des tiers disparaissent sous cette résolution générale : *resoluto jure dan-*
tis, resolvitur et jus accipientis.

8

A-t-il grevé d'hypothèques des immeubles de la succession ou sa part dans certains immeubles : si ces immeubles avaient été mis à son lot, les hypothèques eussent été valables; elles sont nulles parce qu'ils se trouvent au lot d'un autre.

A-t-il établi des droits de servitude, d'usufruit, d'usage, d'habitation, tous ces droits disparaissent devant l'extinction générale de son droit de propriété.

Il y a plus : si le cédant a vendu des immeubles ou sa part dans certains immeubles, les ventes sont nulles, celui qui les a faites n'ayant pu transférer une propriété qu'il n'avait pas, qu'il est censé n'avoir jamais eue; cette conséquence existerait, lors même que les acquéreurs auraient fait transcrire leurs contrats d'acquisition avant la cession. La loi du 23 mars 1855 n'a aucune application à revoir ici. Le principe écrit dans l'art. 3 de cette loi, que *jusqu'à la transcription les droits résultant des actes translatifs de propriété immobilière ne peuvent être opposés aux tiers qui ont des droits sur l'immeuble et qui les ont conservés en se conformant aux lois,* ce principe n'est pas applicable à une cession purement déclarative de propriété (¹). Les tiers acquéreurs n'ont jamais eu que des titres conditionnels; la validité de leurs acquisitions était subordonnée à l'issue du partage; elles eussent été valables, si les immeubles vendus avaient été mis au lot de leur vendeur; il en a été autrement, et celui-ci n'a jamais eu sur eux le moindre droit. Les ventes sont nulles comme vente de la chose d'autrui; la transcription qui peut en avoir été faite ne saurait les valider.

Ces conséquences peuvent avoir pour les tiers acquéreurs une gravité irréparable. Sans doute quand ils sont évincés,

---

(¹) La cession de droits successifs n'étant pas translative de propriété quand elle équivaut à un partage, il n'est pas nécessaire qu'elle soit soumise à la transcription.

ils ont contre leur vendeur un recours en garantie; mais cette ressource peut être infructueuse, à cause de l'insolvabilité possible de ce dernier.

Il ne faut pas croire cependant qu'ils soient tellement abandonnés à la merci de leur vendeur, qu'ils ne puissent prendre aucune mesure pour empêcher ces conséquences. Intéressés à surveiller le partage, puisque l'existence de leurs droits en dépend, ils peuvent, par application de l'art. 882, s'opposer à ce qu'il y soit procédé hors de leur présence. Alors devient impossible sans leur présence, ou du moins sans qu'ils y soient appelés, tout acte de nature à faire cesser l'indivision. Ils peuvent ainsi empêcher la cession et exiger le partage en nature lorsqu'il est possible (¹).

II.

Ces principes, d'une application incontestable en matière immobilière, s'appliquent difficilement aux meubles de la succession.

Pour les meubles corporels que le cédant a vendus avant la cession, les acheteurs en demeurent propriétaires, s'ils lui ont été livrés, malgré l'extinction rétroactive des droits de leur vendeur; ils sont à l'abri de la revendication du cessionnaire, parce que, en *fait de meubles, possession vaut titre*. Mais si la tradition ne leur a pas été faite, ils ne peuvent pas l'exiger; car la propriété repose sur la tête du cessionnaire, qui n'a pas contracté avec eux.

C'est surtout pour les meubles incorporels que les difficultés surgissent à chaque pas. Doit-on leur appliquer le principe

(¹) Ils ne pourraient pas empêcher une cession au profit d'un étranger, ou même au profit d'un cohéritier, si elle ne faisait pas cesser l'indivision, car leurs droits ne seraient pas menacés. Contre une cession qui a les caractères d'une vente, ils sont suffisamment protégés par la transcription. (V. page 88.)

de l'art. 883, que *le partage ou tout acte équivalent est simplement déclaratif de propriété?* Un héritier est-il censé n'avoir jamais eu de droits sur les créances qui ne sont pas mises à son lot, d'où il résulterait que le cédant n'aurait eu la propriété d'aucune créance de la succession, puisqu'aucune ne lui est attribuée? Il est peu de questions d'une importance plus grande et d'une application plus fréquente, et il en est peu qui soient plus difficiles à résoudre.

Un grand nombre d'auteurs déclarent l'article 883 inapplicable aux créances. La loi, disent-ils, prend soin de diviser de plein droit les créances et les dettes du défunt entre les héritiers, qui, d'après l'article 1220, *ne peuvent demander la dette et ne sont tenus de la payer que pour les parts dont ils sont saisis ou dont ils sont tenus comme représentant le créancier ou le débiteur.*

C'est en ce sens que s'exprime M. Duranton (¹). « Gardons-
» nous, dit-il, de croire que la règle de l'article 883 a effet
» contre les tiers, même en ce qui concerne les créances qui
» ont été attribuées à tel ou tel héritier pour la totalité ou
» pour une portion plus forte que la portion héréditaire de
» cet héritier. Non, elle ne s'applique pas à ce que la loi a
» pris soin de diviser entre les héritiers (C. civ., art. 1220),
» mais seulement aux effets qui sont compris dans chaque lot
» par un partage, par conséquent à des choses qui n'ont
» point, lors du partage, été partagées par la loi elle-même.
» Tout ce qui se fait ensuite à cet égard entre les cohéritiers
» dans un partage ou dans un autre acte, n'importe, est va-
» lable entre eux comme cession ou mandat; mais voilà tout,
» et sans préjudice du droit des tiers de faire valoir contre
» l'héritier cessionnaire des parts de ses cohéritiers dans la
» créance cédée, transportée, la compensation qu'ils auraient

(¹) T. VII, n° 519.

» pu opposer aux divers cohéritiers cédants, conformément
» à l'article 1295, § 2, et à la loi 3, D. *Familiæ erciscundæ,*
» qui porte qu'en pareil cas l'héritier à qui la créance est
» attribuée, même par le juge du partage, ne peut poursuivre
» le débiteur que *partim suo nomine, partim procuratio no-*
» *mine,* comme cessionnaire. »

Il n'est pas possible de se prononcer plus fortement.

D'après cette opinion, adoptée également par M. Dutruc (¹),
chaque héritier a eu des droits sur une partie de chaque
créance, droit qu'un partage ou un contrat équivalent ne
peut pas détruire, au moins à l'égard des tiers (²); s'il a cédé
ces droits à l'un de ses cohéritiers, la cession, dans quelque cir-
constance qu'elle ait lieu, est une vente et en produit les effets.

A cette doctrine, on oppose la généralité de l'article 883,
qui ne distingue pas entre les effets corporels et les effets
incorporels, et d'autres auteurs veulent que cet article soit
applicable aux créances comme aux autres biens de la succession. D'après eux, l'indivision cessant, chaque héritier n'a
et est censé n'avoir eu aucun droit sur la moindre partie des
créances qui ne tombent pas à son lot (³).

Ces deux doctrines conduisent à des résultats toujours
opposés. Ceux qui appliquent aux créances l'article 883,
décident que le paiement fait à un cohéritier pour sa part
dans une créance de la succession, ne sera valable que si la
créance est mise à son lot au moins pour une part égale;
que, si l'un des héritiers est débiteur d'un débiteur de la
succession, il ne s'établira pas de compensation entre sa
dette et sa part dans la créance héréditaire, si cette créance

---

(¹) *Traité des partages de succession,* n° 517.

(²) Entre les parties, la question est insignifiante ; quelle que soit l'opinion que l'on
adopte, leurs relations respectives seront toujours les mêmes.

(³) Belost-Jollmont, sur Chabot, art. 883, Obs. 2. — Dalloz, rép. v°. *Succes-*
sion n° 2100.

ne lui est attribuée par le partage. Ils décident aussi que le transport fait par un héritier de sa part dans une créance de l'hérédité sera nul, si la créance ne tombe pas à son lot, lors même qu'il aurait été notifié au débiteur avant le partage. Toutes ces solutions seront les mêmes pour la cession de droits successifs, qui détruit l'indivision.

Au contraire, l'autre doctrine validera tous ces actes. Les paiements faits à un cohéritier seront toujours valables pour sa part héréditaire; la compensation s'établira toujours entre sa dette personnelle et sa part dans la créance de la succession, quelle que soit du reste la disposition du partage; le transport qu'il aura fait sera valable pour sa part dans la créance transportée, et pourra être opposé à l'héritier au lot duquel tombera la créance, s'il a été notifié au débiteur avant qu'on lui ait fait notifier le partage.

Si on consulte les arrêts des Cours, on en trouve dans les deux sens. La Cour de cassation elle-même a changé plusieurs fois de doctrine. Le 24 janvier 1837, elle décidait que la saisie-arrêt formée par les créanciers d'un cohéritier sur une créance de la succession était de nul effet, si la créance ne tombait pas au lot de ce cohéritier (1). C'était appliquer sans restriction l'art. 883.

Plus tard, le 9 novembre 1847, elle décidait, après un rapport conforme de M. Troplong, alors conseiller, que chaque héritier pouvait recevoir et même demander, en justifiant de sa qualité et de la mesure de ses droits, le paiement de sa part dans les créances héréditaires, bien que le partage n'eût point encore eu lieu (2). Cette fois, la Cour suprême admettait que les dettes se partagent de plein droit activement et passivement (3). C'était repousser l'application de l'art. 883, et dire

(1) Dalloz, 40, 1, 82.
(2) Dalloz, 48, 1, 49.
(3) Motifs de l'arrêt.

que, quel que fût le résultat du partage, chaque héritier pouvait valablement libérer pour sa part les débiteurs héréditaires.

Enfin, en 1848, la même Cour, abandonnant la doctrine qu'elle avait adoptée l'année précédente, décidait que la mainlevée consentie par l'un des co-héritiers, jusqu'à concurrence de sa part de l'inscription hypothécaire prise pour sûreté d'une créance héréditaire, était réputée non avenue, si la créance ne tombait pas dans son lot (¹). C'était un retour à l'application de l'art. 883 et à la jurisprudence de 1837.

Malgré cette divergence, je considère comme exactes toutes ces solutions, auxquelles il ne manque que d'être ramenées à un principe juridique.

J'admets comme exacte l'application, même aux créances, de l'art. 883. Je ne vois rien dans les termes de cet article qui puisse autoriser une distinction. Je n'y vois rien non plus qui soit contraire à l'art. 1220. Ce dernier article traite de la division des créances entre les héritiers du créancier ou du débiteur; que dit-il? Que si l'obligation n'est pas de celles que la loi déclare indivisibles, elle pourra se diviser entre les héritiers, c'est-à-dire qu'elle pourra être ramenée à exécution par l'un des héritiers du créancier *pour la part qui lui sera attribuée,* mais qu'il ne pourra pas exiger plus que cette part, ce qui aurait lieu si l'obligation était indivisible (art. 1224).

Cela ne nuit nullement à l'application de l'art. 883. Si la totalité de la créance est mise par le partage au lot de l'un des héritiers, il pourra l'exiger pour la totalité; il ne pourra l'exiger que pour partie, si une partie seulement lui est attribuée; pour rien, si le partage la met en entier au lot d'un autre. La créance peut être divisée, voilà tout ce que dit

(¹) Dalloz, 10, 1, 81.

l'art. 1220, mais il est facultatif aux héritiers de la diviser ou de l'attribuer tout entière à un seul. S'ils ne la divisent pas, celui qui en obtiendra l'attribution totale pourra seul s'en prévaloir; il sera censé en avoir été saisi seul et l'avoir reçue immédiatement du défunt; il sera seul créancier en vertu de cette obligation. Telle est la conséquence du caractère déclaratif du partage.

Jusque-là on ne voit guère comment on peut rattacher à ce principe l'arrêt de 1847, qui autorise chaque héritier à demander le paiement de sa part dans la créance, sans avoir égard à l'attribution que le partage pourrait faire plus tard. Je considère cependant cette décision comme conforme à l'esprit de la loi. Sans doute, après le partage, celui seul des héritiers au lot duquel la créance sera échue sera considéré comme créancier. Mais tant que le partage n'est pas fait, il existe entre les cohéritiers un mandat légal et tacite qui permet à chacun de recevoir le paiement d'une part de la créance proportionnée à la part pour laquelle il représente le défunt; les paiements que chaque héritier reçoit dans cette mesure sont valables, et les quittances qu'il donne libèrent les débiteurs. Aussi est-il rationnel de décider, en vue de ce mandat légal, que le débiteur ne peut pas refuser de payer avant le partage la part qu'un héritier lui demande dans la mesure de ses droits héréditaires (1).

Après le partage, ce mandat légal n'existe plus. Chaque héritier peut demander le paiement de la part que le partage lui attribue dans les créances, mais rien au delà; celui au lot duquel il n'est mis aucune part ne peut rien réclamer; il est censé n'avoir jamais eu de droits sur les créances.

Mais le partage est souvent inconnu. Il faut informer les débiteurs de la révocation du mandat légal qu'avait chaque

---

(1) L'héritier qui aura ainsi reçu le paiement d'une partie de la créance, en rendra compte lors du partage, comme tout mandataire rend compte des sommes qu'il a reçues.

héritier. C'est par la notification du partage que les débiteurs apprendront cette révocation, et ils apprendront en même temps à qui ils devront payer dans la suite. Mais tant que le partage ne leur aura pas été notifié, ils ne pourront pas le connaître, et les paiements qu'ils feront à chaque héritier dans la mesure de sa part héréditaire, les libéreront valablement (art. 2005).

Je n'ai vu nulle part cette théorie du mandat légal. C'est cependant la seule qui m'ait paru concilier l'effet déclaratif du partage avec le droit que l'art. 1220 accorde à chaque héritier de demander la dette pour la part dont il est saisi comme représentant le créancier. Je ne vois dans cette disposition aucune division forcée de la dette, mais une simple dation de mandat qui produira son effet jusqu'au partage, ou plutôt jusqu'à la notification du partage; après quoi, on reviendra complétement à l'art. 883, et celui seul des héritiers à qui une créance sera attribuée pourra valablement en recevoir le paiement.

Le mandat que l'art. 1220 donne à chaque héritier avant le partage, lui confère le pouvoir de recevoir un paiement partiel, mais non de disposer de la créance. Ainsi, le transport fait par un héritier de sa part dans une créance héréditaire serait nul, si la créance, ou au moins une part égale à la part transportée, n'était pas mise au lot de cet héritier. Cette nullité frapperait le transport lors même qu'il aurait été notifié au débiteur avant le partage; la notification ne saisit, à l'égard des tiers, le cessionnaire d'une créance que quand le transport est valable; quand il est nul, il n'y a pas de notification qui puisse le valider.

Qu'on ne s'étonne pas de voir un héritier capable de recevoir le paiement d'une part dans la créance et incapable d'en faire le transport. Cette créance ne lui appartient pas; elle est censée ne lui avoir jamais appartenu, si elle ne tombe pas à son lot. Or, il a un mandat pour recevoir le paiement; mais le mandat se restreint aux pouvoirs donnés expressément, et l'art. 1220 ne donne pas à l'héritier le pouvoir de faire le transport, même pour sa part héréditaire ([1]).

Il n'est pas anormal de rencontrer cette différence de pouvoirs. N'en trouve-t-on pas une semblable dans les pouvoirs du créancier solidaire, qui peut recevoir seul le paiement de la totalité de la créance, et qui ne peut ni en faire le transport, ni même la remettre gratuitement (art. 1198). L'héritier est dans la même position avant le partage, avec cette différence, toutefois, que le créancier solidaire a toujours la liberté de disposer de sa part dans la créance, et que ses pouvoirs ne varient que pour la créance totale, tandis que l'héritier n'a jamais de pouvoirs sur la totalité de la créance, et que la distinction porte pour lui précisément sur sa part héréditaire.

L'héritier auquel est conféré le droit de recevoir un paiement partiel, ne pourrait pas faire de remise dans la même limite; son mandat ne lui en donne pas le pouvoir.

Mais s'il est personnellement débiteur d'un débiteur de la succession, s'établit-il une compensation entre sa dette et la part qu'il pourrait se faire payer dans la créance de la succession? Le débiteur de la succession peut-il opposer cette compensation à l'héritier au lot duquel tombe la créance dont il est débiteur? On peut dire, pour l'affirmative, que la compensation tient lieu de paiement, et n'est autre qu'un paiement tacite et réciproque. Malgré cela, je ne l'admets pas ici, quand la créance de la succession ne tombe pas au lot de l'héritier avec lequel le débiteur pourrait compenser; car cet héritier n'est alors qu'un mandataire, et le débiteur ne peut opposer ce que lui doit le mandataire en compensation

---

([1]) Cela ne doit s'entendre que du cas où la créance transportée ne tombe pas au lot de l'héritier qui en a fait le transport; car si elle était mise à son lot, il serait censé en avoir été saisi directement par le défunt, et le transport serait évidemment valable.

do ce qu'il doit au mandant. La compensation n'a lieu qu'entre deux personnes qui se trouvent *réciproquement débitrices l'une envers l'autre* (art. 1289) — (¹).

Appliquant ces effets du partage, trop longuement détaillés peut-être, à la cession de droits successifs, quand, faisant cesser l'indivision, elle est assimilée à un partage, je les résumerai ainsi : Le cédant est censé n'avoir jamais eu de droits sur les créances de la succession; par conséquent, sont entachés de nullité tous les actes par lesquels il en a disposé, les remises gratuites, les transports, nonobstant la notification qui a pu en être faite aux débiteurs. Aucune compensation n'a pu s'opérer entre sa part héréditaire dans les créances et ce qu'il pouvait devoir personnellement aux débiteurs. Mais les paiements qu'il a reçus sont valables; les quittances qu'il a délivrées libèrent régulièrement les débiteurs; ceux-ci n'ont rien à redouter des poursuites du cessionnaire, auquel ils peuvent opposer le paiement fait à son mandataire légal.

Je n'ai pas besoin de répéter que ce mandat légal existe à l'égard des débiteurs tant que la cession ne leur a pas été notifiée; jusqu'à ce moment, ils pourraient payer valablement au cédant, dans la proportion de ses droits héréditaires.

Au surplus, dans tous les cas où le cédant reçoit des sommes dues à la succession, il en doit la restitution au cessionnaire, à moins qu'il ne se les soit expressément réservées.

III

J'ai parlé des créances de la succession, et cela m'amène à parler de ses dettes. Leur appliquera-t-on le principe de

(¹) V. en ce sens un arrêt de la Cour d'Orléans, du 22 juillet 1842. — C'est par application des mêmes principes que plusieurs auteurs refusent d'admettre le débiteur à opposer la compensation de la totalité de sa dette avec ce que lui doit l'un des créanciers solidaires autre que celui qui demande le paiement. (Delvincourt, t. II, p. 140, note 7. — Marcadé, sur l'art. 1198.)

l'art. 883, et dira-t-on que le cessionnaire à la charge de qui elles sont toutes mises sera considéré comme en ayant toujours été débiteur? Le cédant sera-t-il censé n'avoir jamais été obligé?

Il ne faut pas pousser jusque-là la fiction de l'art. 883. En acceptant la succession, le cédant a contracté l'obligation de payer sa part des dettes du défunt; c'est une obligation qui lui est devenue personnelle et dont il ne peut se débarrasser en cédant ses droits héréditaires. Ce n'est pas comme successeur aux biens qu'il est tenu des dettes, mais comme successeur de la personne même du défunt (¹). En cédant ses droits, il cesse de succéder aux biens; il ne cesse pas de représenter la personne; par suite, il ne cesse pas d'être obligé envers ceux dont l'acceptation de la succession l'a constitué débiteur. La cession qu'il a faite de ses droits successifs est un acte étranger aux créanciers; elle ne peut rendre leur position plus mauvaise. Il n'est pas possible que des doutes puissent s'élever sur ce point; l'art. 873 ne permet pas d'hésiter.

Bien que le cédant puisse toujours être poursuivi par les créanciers et obligé de payer sa part virile dans les dettes de la succession, c'est le cessionnaire qui est tenu de contribuer seul à ces paiements; il est clair qu'il devra rembourser au cédant ce que celui-ci aura payé.

Malgré l'action que les créanciers conservent contre le cédant, ils peuvent aussi agir directement contre le cessionnaire et lui demander le paiement total. Ils puisent ce droit dans leur qualité de créanciers du cédant, qui leur permet d'exercer contre le cessionnaire les droits de leur débiteur. (Art. 1166.)

_____

(¹) Pothier, *Successions,* chap. V, art. 3, § 1er.

SECTION III.

Des sûretés accordées au cédant.

I

On a vu quelles sûretés étaient données au cédant pour le paiement du prix et pour l'exécution des autres obligations du cessionnaire, quand la cession, ne faisant pas cesser l'indivision, avait les caractères d'une vente. C'était le privilége du vendeur et l'action résolutoire.

Quand la cession fait cesser l'indivision et emprunte la nature du partage, il n'y a plus d'action résolutoire; car toute demande en résolution se fonde sur un droit antérieur de propriété, qu'elle tend à rétablir. Or, le cédant est censé n'avoir jamais été propriétaire des biens mis par la cession-partage au lot du cessionnaire; il ne peut donc pas demander le rétablissement d'un droit qu'il n'a jamais eu. Si le prix ne lui est pas payé, il ne peut donc point demander la résolution de la cession.

Mais il est créancier, et créancier privilégié. Il n'a pas le privilége du vendeur; mais il a celui du copartageant. Le prix qui lui a été promis est assimilé à une soulte ou à un prix de licitation (¹). Son privilége est soumis à toutes les règles qui régissent celui d'un copartageant ordinaire, soit pour l'étendue, soit pour le mode de conservation.

Ce privilége garantit évidemment le paiement du prix de la cession, comme il garantirait le prix d'une licitation ordinaire. Mais les obligations du cessionnaire ne se bornent point là; il doit restituer au cédant ce que celui-ci a payé

_____

(¹) On peut l'assimiler à une soulte quand le cédant s'est réservé quelques objets de la succession, à un prix de licitation quand il ne s'est rien réservé. Du reste, dans les deux cas, les règles sont les mêmes.

avant la cession aux créanciers de la succession; cette restitution est garantie par le même privilége, comme le serait
un retour de lot dans les circonstances ordinaires.

Mais si après la cession, le cédant, poursuivi par des
créanciers héréditaires, est obligé de les payer, jouira-t-il du
privilége pour assurer son recours contre le cessionnaire?
Cela n'est pas douteux. L'art. 2103, 3°, accorde au copartageant un privilége pour la garantie des lots en cas d'éviction. Or, le cédant n'éprouve-t-il pas une éviction quand il
est obligé de payer à des créanciers une partie de l'argent
qui composait son lot, une partie du prix de la cession? S'il
éprouve une éviction, son recours est un recours en garantie; il doit être assuré par le privilége du copartageant.

II.

Ce privilége, aux termes de l'art. 2103, 3°, porte *sur les
immeubles de la succession*. Aucun texte n'accorde au copartageant un privilége sur les meubles. Le copartageant,
ou le cédant qui lui est assimilé, a sans doute, quand il n'est
pas payé à l'époque convenue, le droit de faire vendre indistinctement tous les biens mobiliers et immobiliers du cessionnaire; mais il n'est payé, par préférence aux autres
créanciers, que sur le prix des immeubles de la succession.

Le privilége du cédant est donc en ce sens moins étendu
que lorsque l'indivision subsiste après la cession; le privilége du vendeur, dont il jouit dans ce cas, porte en effet sur
les meubles et sur les immeubles. Mais, d'un autre côté, il
est plus étendu, car il ne porte pas seulement sur la portion
d'immeubles correspondant à la part héréditaire du cédant,
mais sur tous les immeubles de la succession.

Le mode de conservation est aussi différent et moins favo-
risé par la loi; car, lors même que la cession-partage est

soumise à la transcription (ce que la loi n'exige pas), le conservateur des hypothèques ne doit pas prendre une inscription d'office au profit du cédant. Cette faveur de l'inscription d'office n'est attachée qu'au privilége du vendeur. Pour conserver le privilége du copartageant, il faut une inscription prise à la diligence de celui qui est intéressé à sa conservation.

Pour l'époque et les conséquences de cette prise d'inscription, les exigences de la loi ont plusieurs fois varié.

Le Code Napoléon, en établissant ce privilége, sur lequel la loi de l'an VII gardait le silence, exigea qu'il fût inscrit dans un délai de soixante jours à dater du partage ou de l'acte équivalent.

Cela s'appliquait au cédant de droits successifs toutes les fois que la cession avait les caractères d'un partage. Il devait, dans les soixante jours qui suivaient ce contrat, prendre inscription sur chacun des immeubles de la succession. Ce délai expiré, le privilége était perdu. Il pouvait bien encore être inscrit, mais il dégénérait en hypothèque légale, qui prenait rang d'après la date de son inscription (art. 2113).

Cela s'appliquait sans difficulté tant que le cessionnaire restait propriétaire des immeubles de la succession. Le privilége avait alors pour unique objet de déterminer les relations du cédant avec les créanciers qui avaient acquis, du chef du cessionnaire, des hypothèques sur ces immeubles. Le cédant conservait intact son privilége en le faisant inscrire dans le délai de soixante jours, quelles que fussent, du reste, les dates des inscriptions prises par les créanciers hypothécaires; il était préféré même à ceux dont les inscriptions étaient antérieures à la sienne. Mais s'il laissait expirer le délai de soixante jours, il n'avait plus qu'une hypothèque, et il se voyait préférer tous les créanciers inscrits avant lui. On verra que rien n'a été changé sur ce point par la loi du 23 mars 1855.

Mais il pouvait arriver que le cessionnaire aliénât les immeubles de la succession. Il faut se rappeler quels étaient les principes du Code Napoléon sur la transmission de la propriété. Elle se transférait par le simple effet des contrats, non-seulement entre les parties, mais aussi à l'égard des tiers, auxquels le droit de l'acquéreur devenait opposable dès que la vente était accomplie.

Alors, dès que le cessionnaire vendait des immeubles, le cédant ne pouvait plus faire inscrire sur eux son privilége, s'il ne l'avait déjà fait. Que le délai de soixante jours fût ou ne fût pas expiré, peu importait : la vente arrêtait complétement la prise des inscriptions du chef du vendeur.

Mais quand arriva le Code de Procédure, cet état de choses fut modifié. L'art. 834 de ce Code autorisa les créanciers ayant hypothèque ou privilége du chef du vendeur à prendre inscription après la vente, s'ils ne l'avaient fait auparavant; il leur permit de le faire, même après la transcription de la vente, dans les quinze jours qui suivaient cette transcription. Alors la vente faite par le cessionnaire n'éteignit plus le privilége du cédant sur les immeubles vendus; celui-ci put encore prendre inscription tant que la vente n'était pas transcrite et même pendant quinze jours après la transcription. Du reste, le délai de soixante jours ne fut pas augmenté. Si le cédant ne se faisait inscrire qu'après l'expiration de ce délai, fût-il encore dans la quinzaine de la transcription, son privilége n'était pas conservé; cette inscription tardive lui assurait seulement une hypothèque.

La loi du 23 mars 1855 a apporté de nouveaux changements. L'art. 834 du Code de Procédure est abrogé.

Les principes du Code Nap. sur la transmission de la propriété sont abandonnés; entre les parties, elle se transfert toujours par l'effet des contrats; mais, à l'égard des tiers, elle n'est transférée que par la transcription. Du reste, l'art. 2109 du Code Napoléon n'est point abrogé. Le cédant, assimilé à

un copartageant, a encore un délai de soixante jours, à partir
de la cession, pour prendre inscription sur les biens grevés
de son privilége. Après l'expiration de ce délai sans inscription prise, le privilége est perdu et dégénère en hypothèque.
Les relations du cédant avec les autres créanciers du cessionnaire sont donc ce qu'elles étaient avant la loi de 1855. Rien
n'est changé sur ce point. Aujourd'hui, comme autrefois,
en prenant inscription dans les soixante jours, le cédant
s'assure un rang préférable à celui des créanciers hypothécaires, inscrits même avant lui; et s'il ne prend inscription qu'après ce délai, il se voit préférer tous les créanciers
simplement hypothécaires dont les inscriptions précèdent la
sienne.

Mais la loi de 1855 a modifié les relations du cédant avec
les tiers acquéreurs. Si le cessionnaire vend des immeubles
de la succession, les droits du cédant ne sont pas encore at-
teints; mais si l'acheteur fait transcrire son contrat, son acquisition devient immédiatement opposable au cédant, qui
n'a plus aujourd'hui le délai de quinzaine après la transcription pour faire inscrire son privilége.

Cependant, pour le privilége du copartageant, comme pour
celui du vendeur, la loi de 1855 apporte elle-même une restriction à l'application trop rigoureuse de son principe. Il
pourrait arriver que le cessionnaire fît des ventes aussitôt
après la cession, et que les acquéreurs fissent transcrire dans
un délai très-rapproché; alors le cédant, pris à l'improviste,
n'aurait peut-être pas pu faire inscrire son privilége. On lui
accorde, comme à tout copartageant, un délai de quarante-
cinq jours, à partir de la cession. L'inscription qu'il prendra
dans ce délai conservera intact son privilége, nonobstant
toute transcription antérieure [1].

(1) V. art. 6 de la loi de 1855.

9

Le délai de quarante-cinq jours expiré sans inscription, le cédant n'est point privé du droit de faire inscrire son privilége; il le peut tant que durent les soixante jours; mais l'inscription qu'il prendra alors ne sera plus opposable aux acquéreurs qui auront fait transcrire avant qu'elle fût prise.

En résumé, voici quel est aujourd'hui l'effet de l'inscription prise par le cédant, soit dans les quarante-cinq jours de la cession, soit du quarante-cinquième au soixantième jour, soit après le soixantième.

Si l'inscription est prise dans le délai de quarante-cinq jours, le privilége est complétement assuré; aucune transcription antérieure ne peut y porter atteinte.

Si le cédant ne s'inscrit qu'après le quarante-cinquième jour, mais avant l'expiration du soixantième, le privilége est conservé intact s'il n'y a pas de transcription de revente antérieure à l'inscription; le cédant est préféré aux autres créanciers du cessionnaire, encore qu'ils soient inscrits avant lui. Il est toujours créancier privilégié; seulement, son privilége ne peut pas être opposé aux tiers acquéreurs qui ont fait transcrire avant son inscription.

Enfin, s'il ne prend inscription qu'après le délai de soixante jours, ce n'est plus qu'une inscription hypothécaire. Non-seulement toutes les transcriptions faites avant son inscription lui seront opposables, mais encore il se verra préférer tous les créanciers inscrits avant lui.

Le cédant doit, du reste, prendre inscription sur tous les immeubles de la succession, qu'ils soient ou qu'ils ne soient pas situés dans le même arrondissement; sinon, son privilége ne serait conservé que sur les immeubles sur lesquels il serait inscrit.

POSITIONS.

DROIT ROMAIN.

I. Dans le principe, la vente de l'hérédité, faite par un successible qui n'avait pas encore fait adition d'hérédité, n'était pas un acte d'adition tacite; mais elle le fut après l'établissement des actions utiles.

II. Quand la cession se faisait par voie d'échange, celui des contractants qui avait exécuté son engagement ne pouvait pas demander par la *condictio causa data causa non secuta* la restitution de ce qu'il avait livré, tant que l'échéance de l'engagement de l'autre n'était pas arrivée.

III. Le mariage était à Rome un contrat purement consensuel, à la perfection duquel la *deductio in domum mariti* n'était point nécessaire.

IV. Explication de la loi 9, § 1, D. *De publiciana in rem actione*, et de la loi 51, § 2, D. *De actionibus empti et venditi*.

DROIT FRANÇAIS.

Droit civil.

I. La cession de droits successifs faite par un héritier apparent est nulle, même à l'égard du cessionnaire de bonne foi.

II. Quand l'héritier cède ses droits successifs après avoir accepté la succession sous bénéfice d'inventaire, il n'est pas déchu de ce bénéfice, et il en transmet tous les avantages au cessionnaire, à la charge par celui-ci de se conformer à toutes les règles du bénéfice d'inventaire pour l'aliénation des biens et le compte à rendre aux créanciers.

III. Si après la cession, un cohéritier du cédant renonce à la succession, l'accroissement profite au cédant et non au cessionnaire, à moins qu'il ne résulte du contrat que le cédant a entendu vendre tous les droits qu'il avait ou pourrait avoir dans la suite sur la succession.

IV. Quand le cessionnaire, étranger à la succession, a lui-même cédé à un autre étranger les droits qu'il avait achetés, et que les cohéritiers de l'héritier cédant veulent exercer le retrait successoral, c'est le prix de la première cession qu'ils doivent rembourser, et non celui de la seconde.

V. L'héritier qui a cédé ses droits successifs à un de ses cohéritiers sans que l'indivision ait cessé, conserve le privilége du vendeur, bien que plus tard l'indivision cesse par suite d'une cession faite entre le cessionnaire et les autres cohéritiers.

VI. La cession de droits successifs n'est pas rescindable pour cause de lésion quand elle équivaut à une vente. Quand elle a les caractères d'un partage, elle peut être rescindée pour lésion de plus du quart, à moins qu'elle n'ait été faite expressément aux risques et périls du cessionnaire.

Procédure.

I. Un étranger, assigné par un autre étranger devant un tribunal français, peut exiger du demandeur la caution *judicatum solvi*.

II. L'inadmissibilité de l'action qui devait être précédée d'une citation en conciliation et qui ne l'a pas été, est une règle d'ordre public; elle peut être invoquée en tout état de cause, et même appliquée d'office par les juges.

Droit pénal.

I. Le condamné à une peine *temporaire* emportant interdiction légale, n'est pas privé du droit de tester pendant la durée de sa peine.

II. L'incendie des dépendances d'une maison ne doit pas être puni comme l'incendie de la maison même; il donne application au troisième alinéa de l'art. 434 du Code pénal, et non au premier.

III. L'usage fait sciemment, par un militaire présent à son corps, d'un timbre-poste ayant déjà servi, est de la compétence exclusive des conseils de guerre.

Droit commercial.

I Le cautionnement d'une obligation commerciale ne prend pas la nature commerciale de l'obligation cautionnée, s'il n'a du res'e lui-même les caractères d'une opération commerciale; en conséquence, le Tribunal de Commerce n'est point compétent pour connaître de l'action formée contre la caution en vertu de ce cautionnement.

II. La faillite d'une Société entraîne de plein droit celle de chacun des associés solidaires et responsables.

III. Une Société anonyme peut être déclarée en faillite.

Droit administratif.

I. Les tribunaux ordinaires sont seuls compétents pour statuer sur les questions de domicile et d'aptitude personnelle, desquelles dérive le droit à la jouissance des biens communaux. Au contraire, les contestations qui s'élèvent sur le mode de jouissance, sur l'interprétation des actes, sur la constatation des usages qui l'ont réglé, sont de la compétence administrative.

II. Celui qui par tolérance a laissé passer les habitants d'une commune dans une allée qui lui appartenait, n'en est pas moins resté exclusivement propriétaire de cette allée, et ne peut en être privé que par un jugement d'expropriation pour utilité publique, quel qu'ait été du reste le temps pendant lequel il a toléré le passage.

III. Les terrains sur lesquels sont établies des voies ferrées appartiennent à l'État; les Compagnies de chemin de fer en ont simplement la possession à titre précaire; en conséquence, elles n'ont pas qualité pour exercer l'action réelle tendant à obtenir la suppression de servitudes qui grèvent ces terrains.

TABLE DES MATIÈRES.

Bordeaux. — Imp. G. Gounouilhou, place Puy-Paulin, 1.

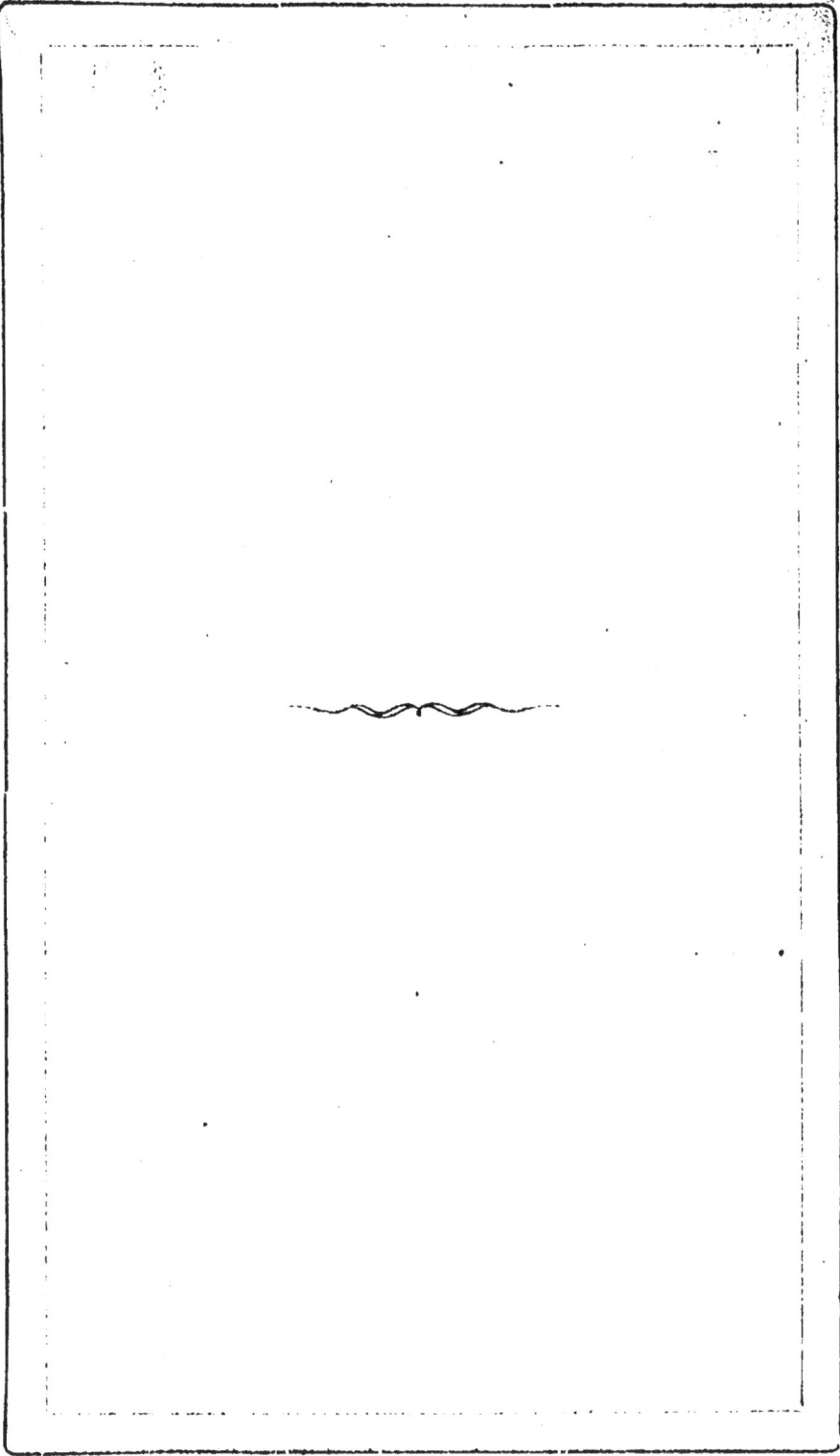

www.ingramcontent.com/pod-product-compliance
Lightning Source LLC
Chambersburg PA
CBHW062016200326
41519CB00017B/4809